아솔샘의
쏠쏠한
영화 수업

아솔샘의
쏠쏠한
영화 수업

교육과 영화의
완벽한 블렌딩

김아솔 지음

Asol Kim's Film School

에듀니티

Part III · 아솔샘이 알려주는 단편영화 제작 A to Z

몇 년 전 영상모임의 문을 두드렸던 초보 선생님 아솔이가 영화 유학을 마치고 영화 수업 이야기로 책을 펴낸다고 하니 감회가 새롭다.

아솔샘은 보통 선생님과는 조금 달랐다. 수많은 연수와 워크숍, 기획동영상 및 단편영화 제작, 상영회 현장에서 그와 함께 하면서 느낀 바로는 그렇다. 가끔은 덜렁대고 귀여운 실수도 남발하지만 새로운 일에 대한 도전과 열정은 놀라울 정도다. 이 책에는 그의 감독으로서 유연한 사고와 폭발적인 에너지, 교사로서 아이들을 돌보는 섬세한 감정이 그대로 묻어나 있다.

영화를 사랑하지만 확신하지 못하는 분들, 영화를 통해 사람들과 만나고 싶은 분들, 단편영화 제작의 모든 것을 알고 싶은 분들에게 이 책을 권한다.

아솔샘이 아이들과 영화로 소통하면서 느꼈던 짜릿한 경험과 쏠쏠한 이야기들을 읽으며 독자들도 한 손에 카메라를 들고 함께 외쳤으면 한다. "레디 액션!"

— 임성열(일동초등학교 교사)

나도 아솔샘과 같은 고민을 한다. 안정적인 직업과 꿈을 향한 도전 중 무엇을 선택할지에 대해서. 그러나 우리에게 선택지가 두 개만 있는 건 아니다. 일과 꿈의 조화를 통해 새로운 길을 걷는 선택도 있다. 아솔샘의 경험담이 비슷한 고민을 하는 사람들에게 도움을 줄 거라 믿는다. 교육자와 영화인의 조화로운 삶을 꾸려나가는 아솔샘에게 박수를 보낸다.

이 책의 파트II와 파트III은 교육현장에서 학생들과 영화를 만들고자 하는 선생님들에게 실질적인 도움을 주는 내용으로 꾸며져 있다. 학교 현장, 미디어센터, 영화동아리 등 학생들과 함께 영상을 만드는 선생님들께 유용할 것이다.

— 윤수안(광주독립영화관 관장, (주)필름에이지 대표)

꿈을 좇고 무지개를 펼치며

2020년 어느 햇살 좋은 아침, 나는 교실에 혼자 있다. 책상 위에 긴 자바라를 올려놓고 핸드폰을 연결시킨 다음 심호흡을 몇 번 한다. 카메라의 촬영 버튼을 누르고 근엄하게 말한다.

"Hello everyone. It's time for English class."

그러고는 온갖 깨방정 목소리와 제스처가 이어진다. 이젠 NG 없이 할 법도 한데 여전히 NG는 난다. 아무렇지도 않다는 듯 다시 촬영하고 또 촬영한다. 촬영이 끝나면 바로 편집을 시작한다. 재미없는 부분은 조금의 동요도 없이 바로 삭제 버튼을 누른다. 타이틀을 올리고 효과음을 넣는다. 잠시 진지하게 전체를 관람해본다. 마침내 출력 버튼을 누른다. 출력된 영상을 유튜브에 올리고 링크를 만들어서 학생들이 볼 수 있는 사이트에 업로드한다. 그제야 학교 전체 메시지를 확인하고 오늘 할 일을 체크한다.

간혹 옆 반 선생님이 물어본다. "선생님, 카메라 앞에서 그렇게 찍으면 안 쑥스러워요?"

나는 "그냥 막 하는 거죠." 하고는 씩 웃는다.

2018년, 캐나다 토론토의 가을. 나는 집에서 종이 한 장 들고 영어 대사를 연신 읊어대고 있었다. "하우 디쥬 겟듬⋯." 입모양을 이렇게도 비틀고 저렇게도 비틀고 혀를 이렇게도 굴리고 저렇게도 굴려가면서 녹음한다. 플레이 버튼을 눌러보면 영락없이 고개가 절래절래 내저어질 만큼 발음이 형편없다. 성우 못지않게 목소리가 좋은 친구가 녹음해준 음성을 듣고 내가 방금 녹음한 것을 다시 들어본다. 또 녹음한다. 다시 듣는다. 이젠 꽤 괜찮은 것 같다. 다음 날은 조별 과제로 씬을 촬영하는 날이다. 촬영 현장이 분주하다. 조명이 눈을 찌르는 것 같다. 친구들의 말소리와 함께 무거운 삼각대 옮겨지며 카메라 감독이 앵글에 대해 이야기한다. 음향감독은 귀에 걸린 헤드셋을 양손으로 누르며 소리를 하나하나 체크한다. 프로덕션 디자이너는 준비한 소품의 위치를 체크한다. 조감독은 무얼 하는지 여기저기 뛰어다닌다. 나는 며칠 전부터 연습해두었던 대사를 조용히 되뇌면서 긴장에 떨고 있다. 불안한 마음에 스크립트를 눈에서 떼지 못한다. 카메라와 조명이 나를 비추고 사람들 시선이 나에게로 향한다. 모든 시선이 나와 내 상대역을 향해 있다. 감독이 말한다.

"레디, 액션!"

모두가 숨을 죽인 가운데 나와 상대역은 준비한 대사를 무리 없이 마무리한다.

"컷!"

감독의 외침과 함께 여기저기서 웅성웅성 하는 소리가 들린다. 끝났다. 주변에서 수고했다는 소리와 함께 조명이 꺼지고 스튜디오 내 형광등이 들어오며 다시 현실로 돌아온다. 곧바로 현장에 가득했던 장비들과 어질러진 수많은 물품이 언제 그랬냐는 듯이 정리되어 제자리로 돌아간다.

"휴….."

그제야 나도 안도의 한숨을 길게 내쉰다.

이건 내 유학생활의 한 조각일 뿐이다. 긴장과 불안, 끝없는 걱정과 짧은 안도. 그 어딘가에 늘 있었다. 그렇게 일 년 동안 짧지만 강렬한 경험을 했다. 그래도 미련이 계속 남아서 영화대학원에 가기도 하고 해외 크루들과 함께 영화 제작을 하고 국내에서 워크숍을 열기도 했다.

이 책은 교육현장으로부터 잠시 일탈한 한 교사가 자신의 꿈을 쫓아가는 이야기이자 그 꿈의 무지개를 교육현장에서 펼쳐나가는 이야기이다. 아직 해결되지 않은 내 안의 질문들은 언제고 등을 떠민다. 여전히 길은 현재진행형으로, 내가 두드리는 만큼 열리고 나아가는 만큼 새로운 풍경을 보여주었다. 앞이 보이지 않다고 느껴지는 때도 있지만, 아직 좋아하는 것을 찾지 못한 이와 자신이 하는 일에 대해 의문을 품고 있는 이에게, 어쩌면 내 작은 기록이 도움이 될지도 모른다는 생각으로 이 책을 썼다.

매곡초등학교 4학년 3반의 창가에서

김아솔

Part I

/

영화와 나

#1.

내 마음속에
자리한
기억 조각들

컴퓨터 모니터로 본 내 얼굴

/

처음 발령받은 학교는 내가 졸업한 초등학교였다. 2009년에 응시한 임용시험에서 0.2점차로 떨어지고 재수 끝에 합격하여 모교로 돌아온 첫 3개월간은 구름 위를 둥둥 떠다니는 듯 정말 행복했다. 학교 교직원들은 내가 아들 같고 조카 같다며 하나라도 더 도와주려 했고, 내가 맡은 학급 아이들도 알아서 잘 하는 것 같아 보였다. 어리둥절하도록 행복하면서도 몇 달 동안은 밤마다 다시 임용시험을 치르는 악몽을 꾸기도 했다. 하지만 지금도 그 시절을 떠올리면 학교 구석구석의 풍경과 행복감에 휩싸여 구름 위를 걷는 듯하던 내 모습이 생생하게 떠오른다.

그리고 지워지지 않는 또 하나의 영상이 있다. 꿈같던 행복은 한 학기도 지속되지 않았다. 1학기 후반에 접어들면서 무시무시한 현실이 드러나기 시작했다. 질서 없는 교실 속에서 아이들 간 갈등이 심해지고 있었고, 나는 언성이 높아지고 감정적이 되어갔다. 그러던 어느 날 컴퓨터실에서 아이들에게 잠깐 자유 시간을 주고 학생들이 무얼 하는지 둘러보고 있을 때였다. 남학생들은 타자연습이나 게임을 했고 여학생들은 온라인 커뮤니티에서 글을 읽거나 쓰고 있었다.

'잠깐, 저게 뭐지?'

한 여학생 어깨 너머로 모니터 화면에 내 증명사진이 띄워져 있는 걸 보게 되었다.

'왜 내 사진이 저기에 걸려 있지?'

가만히 다가가서 무슨 일인지 살펴보았다. 이럴 수가! 그 여학생은 내 뒷담화를 쓰고 있었다. 온라인 커뮤니티(싸이클럽)에 나에 관한 이야기를 늘어놓고 친구들의 글에 실시간으로 반응하며 피식피식 웃고 있었다. 내가 하는 말과 행동들에 대한 비꼼이었다. 그러니까, 그 아이는 김아솔 교사 안티카페의 운영자였던 것이다. 안티도 팬이라는 말을 누가 했던가. 안 당해본 사람은 모른다. 내 안티카페의 운영자인 그 아이로 말할 것 같으면 공부 잘하는 건 물론이고 유머가 뛰어나 인기도 많았다. 게다가 학급 반장이었으니 담임인 나로서는 어마어마한 충격이었다. 방과 후에 아이를 불러 조용히 면담했다. 카페를 해산하는 것으로 좋게 이야기를 마무리 지었지만 충격은 쉽게 사라지지 않았다. 수업을 잘해보려고 밤늦게까지 교재 연구를 하는 등 좋은 선생님이 되려고 많이 노력할 때라 상처도 컸던 것 같다. 내가 교직에 맞지 않는 건가, 하는 회의가 나를 온통 감쌌다.

심지어 그게 끝이 아니었다. 운동을 좋아하는 한 남학생은 2학기 들어서면서 내게 반항하기 시작했다. 학교에 안 가겠다고 집에서 소동을 일으켜 부모님과 며칠간 상담하기도 했다. 이렇게 크고 작은 일들이 끊이지 않아 내내 속을 끓여야 했지만 그래도 여전히 교직원분들은 나를 알뜰살뜰 챙겨주었다. 학생이나 학부모와의 소통이 서툴러서 이런저런 갈등을 일으키곤 했지만, 몇몇 아이들은 내게 사랑을 듬뿍 보내주기도 했다.

캐릭터가 보여요

/

생초보 교사의 환난은 입대와 함께 쉼표를 찍었지만, 안티카페의 대문에 걸린 내 얼굴은 지금도 내 머릿속에 뚜렷하게 남아 있다(아마 평생 잊지 못할 것 같다.).

제대 후 발령받은 곳은 야구부가 있는 초등학교였다. 야구부 학생들을 보니 어릴 적 생각이 났다. 나는 운동을 좋아했고 잘하고 싶은 마음도 가득했지만 축구 할 때마다 친구들이 지르는 소리에 깜짝깜짝 놀랐다. 놀라서 긴장하니 헛발질을 하고, 그럴 때마다 흥분한 친구들의 고함소리에 더 놀라 점차 운동과 멀어졌다. 그런데 어른이 되고 교사라는 위치에서 운동하는 어린 학생들을 보니 아이들의 활력이 전해지며 내 몸도 다시 깨어나는 것 같았다.

학교 운동장에는 잔디가 멋지게 깔려 있었다. 날씨가 좋을 때면 학생들과 잔디밭에 누워서 낮잠을 자기도 했다. 동학년 선생님들과 함께 주말이면 하이킹도 즐겨 다녔다. 기아타이거즈 투수 고영창 선수가 공익

근무로 학교에 와 있었던 데다 운동 잘하는 성태 형이 있어 학교에 교직원배구부가 탄생했다. 덕분에 친절한 가르침을 받으며 재밌게 배구를 배웠다. 내가 공격수라서 그랬는지 우리 학교 배구팀 성적은 최하위였지만 참 즐거운 시절이었다.

야구부 아이들은 천진난만했지만 승부욕은 대단했다. 운동하느라 학업에 뒤처지지 않도록 돕는 일이 참 재미있고 좋았다. 그러던 어느 날 교감선생님이 나를 부르시더니 "자넨 애들을 좋아하니, 생활부장 한번 해볼 텐가?"라고 하셨다. 거절할 이유는 없었지만 교감선생님 말씀이 이상하다고 생각했다. 애들 싫어하는 교사가 있나? 사실 진짜 이유는 생활부장 맡으려는 교사가 아무도 없다는 것이었다. 생활부장은 학급회의, 전교학생회 등 자치활동을 관리하고, 학교폭력 사안을 담당한다. 생활부장 맡기를 다들 피하는 데 나는 경험이 없어서 그랬는지 그다지 거부감이 들진 않았다. 몇 년 해보고 알았다. 말도 많고 탈도 많은 업무에다 감정적으로 시달리는 게 생활부장이었다. 정말 시도 때도 없이 학교폭력 관련 사안이 생겨났다. 나는 모든 사안을 생활부에 기록하며 헤쳐나갔다. 어떤 문제가 큰 문제이고 가볍게 넘어갈 문제인지 판단할 기준이 없었기 때문에 들려오는 모든 문제를 기록했다. 학교전담경찰관 등 관련 상담가 분들과 함께 조사하고 상담하고 해결한 후 교육청에 보고하는 일을 차근차근 해나갔다. 가해학생에게는 잘못을 뉘우칠 기회를 주고 피해학생에게는 그 학생이 겪었던 일이 트라우마가 되지 않게 자주 살폈고, 학부모님들에게도 자주 안부를 물으며 학생의 변화과정을 확인했다. 교감, 교장 선생님이 신경 쓰시지 않게 진행과정을 수시로 보고했다. 한번은 이런 일도 있었다. 여학생이 수업 시간에 답답해서 혼자

놀러 나갔다가 돌아왔는데 담임선생님이 어디 다녀왔냐고 물어보자 딱히 할 말이 없어 학교폭력이 있었다고 신고했다는 것이다. 무슨 일 있으면 학교폭력으로 바로 신고하라고 전국적으로 홍보하고 있을 때였으니, 돌이켜보면 학생들과 학부모님들은 그 말대로 잘 따른 게 아닌가 싶기도 하다.

그렇게 3년을 생활부장으로 일해보니 예전에는 잘 몰랐던 인간 본성에 대해서 많이 알 수 있었다. 생각보다 사람들은 너무 쉽게 자기 입장을 바꾼다. 상황에 따라 행동이 각양각색으로 변하는 건 나이나 지위, 성별하고는 아무 상관이 없었다. 자신을 보호하기 위해서라면 어떤 일도 서슴지 않았고, 그 피해는 모두에게 돌아갔다. 참 바보 같은 제로섬 게임의 희생양들 같았다. 그런데 나는 그 속에서 해결의 실마리를 찾고 상황을 보다 낫게 만들어가는 것을 즐기고 있었다. 서로 다른 성격을 가진 사람들 사이에서 조화로운 결말을 만들어가는 데에 흥미를 느꼈던 것 같다.

영화 한번 찍어볼까?

/

나는 평소 아이들 모습을 카메라에 담는 걸 좋아한다. 사진이나 영상으로 기록하고 정리하는 게 취미다. 우연히 '참네모'라는 교사영상모임을 알게 되어 가입해 활동하면서 스톱모션, 트랜지션, 편집 기법 등을 익혀 기술도 날로 좋아졌다. 그러다가 2015년에 임성열 선생님이 연출한 〈좋은 선생님〉이라는 단편영화에 주연배우로 참여했는데, 영화 제작은 내게 굉장한 신세계였다. 주연이라고는 해도 어쩔 수 없는 아마추어라 카메라 앞에서 연기하는 건 참 어색했다. 카메라 앞에선 호흡이 거칠어지고 온몸이 경직됐지만 녹화만 끝나면 왁자지껄 떠들며 신나고 재밌는 시간을 보냈다. 즐거운 추억이라고만 생각했는데 이듬해에 만난 4학년 2반 아이들과 함께하면서 내가 뭔가 달라졌다는 걸 느꼈다. 아이들과 함께한 영상 작업에서 멋진 작품이 많이 나왔다. 아이들은 내가 시도하는 모든 활동을 마법처럼 흡수하고, 마술처럼 표현해냈다. 여전히 생활부장을 맡고 있었기 때문에 학생 간 감정 충돌을 예의주시하고 있었는데 어느 날 문득 아이들의 에너지를 영화에 쏟아보면 어떨까 하는 생각이 들었다. 우리 반에서 영화를 만들어보면 어떻겠냐고 했더니 아이들 반응도 폭발적이었다. 새로 장만한 DSLR 카메라를 필두로 다른 장비는 광주지역 교사영상모임 대표인 성열 선생님께 빌려서 준비했다. 당시 우리 반 모범생이었던 아연이에게서 문득 아이디어가 떠올라서 그것을 아이들과 함께 발전시켜서 시나리오를 만들었다. 촬영은 창체 시간을 활용하고 방과 후에 주요 배역을 맡은 아이들과 두세 시간 정도를 더 할애했다. 그런데 정말 재미있게 찍었지만 집에서 확인해보면 마이크가 화면에 비치고 군데군데 잡음이 많이 들어갔으며 연기도 전혀 자연스럽지 않았다. 4학년 학생들에게 연습도 없이 바로 장비 운용을 맡기고 긴 대사를 주어 연기하게 했으니 당연한 결과였다. 그래도 그런 영상이나마 마무리해서 보여주니 아이들은 재밌다고 깔깔 웃고 난리였다.

나는 다시 한번 해보고 싶어졌다. 좀더 영화답게 만들어보고 싶었다. 무엇이 영화다운 것인지는 모르지만 말이다. 그래서 교사영상모임인 참네모에 요청해서 선생님들을 제작진으로 여름방학 때 다시 촬영을 진행했다. '한 번 더'를 너무 많이 외쳐서 예상보다 소요 시간이 늘어졌지만 하루 만에 촬영을 끝냈다. 선생님들은 기진맥진했지만 아이들은 이번에 도 재밌었다고 난리였다. 그게 내 첫 연출작품이 되었다. 즐겁게 만들긴 했지만 개인적으로는 만족스럽지 않았다. 내가 기대한 만큼 감정이 표 현되지 않아서 그랬는지 좀처럼 편집할 마음이 나지 않았다.

2016년, 첫 단편영화 〈괄호〉 촬영을 마치고.

#2.

어학연수 휴직을 신청하고
영화 유학을
떠나다

김선생이 유학을?

/

　교직생활에 적응해갈수록 종종 미래에 대한 회의가 들었다. 5년 후, 10년 후, 20년 후에도 내가 하는 일은 이대로일까? 학생들과 즐겁게 한 두 해를 보내고 만남과 이별을 반복하며 설렘과 아쉬움 사이를 오가는, 이런 삶이 다인가? 나는 어느 분야의 전문가인가? 사회에 기여하는 사람인가? 새로운 것에 도전하며 살아가고 있나? 온갖 생각이 다 들었다. 가끔 이런 막연한 의문과 답답함을 주변 사람들에게 말하면 그저 배부른 소리라고 하거나, 결혼을 아직 안 해서 그런 거라며 이제 승진이나 준비하라고 했다. 빨리 등급표창을 받아두는 게 곧 미래 준비라고도 했다. 등급표창은 연구점수와 관련이 있어 승진에 요긴하다. 특히 결혼한 남자 선배들은 승진점수 따는 법을 알려주겠다더니 술만 들어가면 결혼이 얼마나 힘들고 불행한지 아느냐고 하소연을 해댔다. 정신이 멀쩡한 대낮에 나를 보면 언제 장가 갈 거냐고 닦달하듯 물어대면서 말이다. 정말 알 수 없는 노릇이었다.

내 일과 미래에 대한 막연한 걱정과 불안 역시 술 마실 때마다 잠깐씩 스쳐가던 생각 중 하나일 뿐 별다른 변화는 없었는데, 어느 날 내 20대 최대 사건이 일어났다. 오랫동안 만나온 여자친구와 헤어진 거다. 20대의 수많은 날을 함께한 사람을 떠나보내고 나니 온몸이 텅 빈 느낌이었다. 몇 달간 산송장처럼 멍하게 지냈다. 그러다 정신을 차린 것은 1급 정교사 연수에서 박구용 교수님의 강의를 듣고 나서였다. 망치로 머리를 맞은 듯 강렬한 느낌을 받고 어둠에서 깨어난 나는 무작정 교수님을 찾아가 뵙고는 교수님이 주관하는 철학 소모임에 참여하기 시작했다. 철학책을 읽으며 치열하게 내 삶에 대해 질문을 던졌다. 간절히 변화를 원하던 나에게 철학 모임은 이렇게 해야 한다, 저렇게 해야 한다 따위의 조언이 아니라, 정말 다양한 관점의 질문을 주었다. 매주 철학 소모임에 참여한 3년간은 평범한 김교사가 삶에 대해서 치열하게 질문하고 답을 찾아가던 날들이었다.

어느 날 학교 일을 끝내고 집에서 막 도착해서 쉬고 있는데 프랑스에 유학 갔다 온 정훈이에게 연락이 왔다. 뜬금없이 나더러 유학을 가라는 것이다. "야, 무슨 유학이냐? 내가 어떻게 가? 어디서 뭘 배우라고? 영어도 잘해야 되고, 시험도 봐야 될 거잖아. 직장은 어떡하고?" 나도 모르게 안 되는 이유만 속사포처럼 쏟아냈다. 가만히 듣고 있던 정훈이가 "요새는 직장에서도 해외 연수 지원해주지 않아?"라고 했다. 혹시나 해서 검색해보니 과연 그런 지원이 있었다. 정훈이는 자기 동생이 뉴욕에서 영화학교 다녔는데 좋아했다며 나더러 한번 알아보기라도 하면 좋겠다고 했다. 나는 그러겠다고 하고는 곧장 내 주변 최고의 영상쟁이 범수에게 전화를 걸었다. 고등학교 때부터 영화를 해서 대학에 수시로 합격한 재능 많은 범수는 토론토필름스쿨을 추천해줬다. 후다닥 검색해보니까 만 배경에 TorontoFilmSchool이라고 적힌 홈페이지부터 매우 근사해보였다. 전공을 하나씩 살펴보는데 흥미진진했다. 교육대학교를 졸업한 내 입장에서 전공이라는 건 국어교육, 도덕교육, 사회교육 등 교과목명에 '교육'이 붙은 것이다. 그런데 영화학교의 전공들은 연기, 필름프로덕션, 그래픽디자인, 패션 등 명칭만으로도 나를 완전히 사로잡았다. 홈페이지를 장식한 이미지들도 특별했다. 유명 배우들, 시사회 장면, 엄청나게 큰 카메라 옆에서 뭔가를 하고 있는 다양한 학생들의 모습…. 맥박이 빠르게 뛰는 게 잘 느낀 나는 크게 심호흡을 했다. 잠시 정신을 차리고 현실로 돌아와서 학업 기간과 학비 등 제반 여건을 살펴보았다. 자격요건도 들여다보았다. 나도 할 수 있을 것 같았다. 충동적으로 입학 담당자에게 이메일을 보냈다. 즉흥적으로 휘갈겨서 되는 대로 문의 이메일을 보내고 나니 더 흥분이 되었다. 마치 매일 학교와 집만 오가던 초등학생이 갑자기 다음 주에 놀이동산 갈지도 모른다는 말을 들은 느낌이랄까? 오랜만에 느끼는 흥분과 설렘이었다.

사흘 뒤 답이 왔다. 간단했다. 입학 요건에 맞으면 입학이 가능하단다. 하긴 그건 당연한 얘긴데…. 당장이라도 입학할 수 있을 것만 같았다. '어랏? 이러다가 진짜 가는 거 아니야?' 혹시나 하는 마음에 지역 교육청의 담당 장학사님께 문의해보았다. 어학연수 휴직을 신청하여 이 학교에서 공부할 수 있는지 여쭈었다. 마찬가지로 대답이 간단했다. 요구 서류가 준비된다면 문제가 없다는 것이었다. 요구 서류란 영어 점수와 해당 학교 입학허가서다. 해보기로 했다.

2016년 6월의 어느 날, 살짝 정신이 나간 김선생은 자리를 박차고 일어나 교감실로 가서 내년에 유학 갈 계획이며 그 준비를 해야 하니 수업 결손을 최소화하기 위해서 나를 영어교과담당으로 배치해달라고 했다. 방금 교육청 장학사 분과 행정적인 논의도 마쳤다고 하니 교감선생님께서 씩 웃으시며 그렇게 하라고, 한번 해보라고 하셨다. 동료선생님들께도 내년에 떠난다고 사방팔방 이야기하고 다녔다.

생각보다 넘어야 할 게 많았다. 우선 유학 휴직에 대한 정보가 부족했다. 대략의 지침은 있지만 어떻게 준비하고 진행하는지 앞선 사람들의 흔적을 어디에서도 찾을 수가 없었다. 내 나름대로 해나가는 수밖에 없었다. 일단 토플점수가 필요했다. 토플시험은 단순한 지필평가가 아니라 말하기, 듣기, 읽기, 쓰기의 네 영역을 평가한다. 미국에서 오래 유학 생활을 한 친구한테 전화해 토플점수가 필요한 상황이고 이 기회에 영어를 배워볼까 하는데 어떻게 하면 좋겠냐고 물었다. 친구의 대답은 간결했다. 토플은 시험이기 때문에 틀과 패턴이 있어서 준비를 하면 점수를 따는 건 가능한데 영어를 잘하게 되긴 어려울 거란다. 내 나이가 너무 많다나. 그래도 점수를 딸 수는 있다니 6개월을 잡고 공부해보기로 했다. 우리 반 아이들에게 내 계획을 이야기하니 다들 엄지를 척 세우며 멋지다고 응원해줬다. 원어민 교사 케시도 내 얘기를 듣고는 멋진 생각이라면서 얼마든지 도와주겠다고 했다. 응원에 힘입어 바로 토플 공부에 돌입했다. 인터넷 강의를 수강하면서 곧장 시험을 치르면서 성적을 올려나가기로 했다. 토플은 모든 영역을 사람이 평가하기 때문에 비싸다. 한 번 치를 때마다 20만 원 이상의 돈이 들어갔다.

첫 번째 시험에서 탈락, 두 번째도 탈락이었다. 내 얼굴은 점점 굳어졌다. 호기롭게 말하고 다녔는데 계속 목표 점수가 안 나오니 주변에서도 걱정하기 시작했다. 좀더 열심히 해야겠다고 마음먹고 겨울방학 동안 토플에 매진했다. 그런데 세 번째도 탈락이었다. 하긴 학창시절에도 영어를 잘 못했는데 갑자기 공부 좀 했다고 될 턱이 있을까 싶긴 했다. 대학 때 친구들이 토익시험에서 척척 고득점을 하는 걸 보고, 난 영어가 원래 안 되나보다 생각하기도 했다. 그때를 생각하며 포기할까 하는 마음이 들었지만 영화학교 로고가 계속 아른거렸다. 교감선생님을 비롯해 주변 사람들에게 말해둔 게 있는데 창피하다는 생각도 들었다. '그래, 두 번만 더 해보자' 결심을 하고 다음 시험에 응시했다. 이때 원어민 교사 케시가 정말 큰 도움을 주었다. 매일 내 평가관이 되어서 스피킹의 어색한 부분들을 다듬어주며 격려해주었다. 그리고 시험 날 쑥스러움과 부끄러움은 잊어버리고 영어 못해 서러웠던 날들에 대한 분노를 담아 모니터 앞에서 열정적인 스피킹을 시전했다. 미련 없이 하고 나왔다. 마침내 내가 원하는 점수가 나왔다.

영화학교의 입학 요건에는 영어 말고도 포트폴리오라는 관문도 있다. 하지만 토플점수를 어렵게 만들고 나니 그다음은 술술 잘 풀리는 느낌이었다. 예전에 4학년 2반 친구들하고 촬영했지만 마무리 못한 영상을 다시 꺼내어 편집했다. 내 첫 연출작품인 단편영화 〈괄호〉가 그렇게 완성됐다. 그걸 보내자 입학허가서가 왔고 남은 절차는 단순한 행정업무뿐이었다. 그런데 시간은 꽤 걸렸다. 한국 행정은 복잡했고, 외국 행정은 느렸다. 그때그때 요청받은 것을 하나하나 해결해서, 돌로 탑을 쌓는 심정으로 준비해나갔다. 하지만 우리나라에서 교원의 유학은 어디까지나 각 시도 교육청 재량이기에 결국 안 될 수도 있다는 것을 늘 염두에 두었다.

입학허가서를 비롯해 지침에 나와 있는 모든 서류를 제출했는데 교육청에서는 감감 무소식이었다. 갈 수 있을까? 안 되나? 뭐, 못 가더라도 딱히 아쉬울 건 없었다. 내가 할 수 있는 건 다 했으니 가면 좋은 거고 안 되면 하늘의 뜻이려니 하고 학교생활 열심히 해야지, 하고 편하게 생각했다.

8월 9일 수요일 저녁 6시, (잊지도 않는다) 수상한 전화벨이 울렸다. 설마 안 좋은 일일까? 괜히 조마조마했다. 교육청 장학사님 목소리였다. 몇 가지 복무에 관한 이야기를 하시더니, 이렇게 말씀하셨다. "아솔 선생님. 잘 다녀오셔서 광주교육에 큰 보탬이 되어주세요." 그 순간의 기쁨을 어떻게 말로 표현할 수 있을까. 처음으로 하고 싶은 것이 생겼고, 마음을 다해 노력했고, 마침내 이룰 수 있게 된 것이다. 서류를 완벽하게 갖췄다고 해도 막상 교육청이 교원 수급 문제로 불가하다고 하면 어쩔 도리가 없는 건데 운이 좋았던 것 같다. 지금도 그때를 돌이켜보면 정말 감사하다. 그런데 허가 결정이 떨어진 게 출국하기 한 달 전이었다. 숙소 구하기가 쉽지 않았다. 기숙사 같은 건 있지도 않았다. 유학원에 의뢰할까 했지만 한국인 룸메이트와 살아야 한다는 말에 다른 방법을 찾기로 했다. 우선 외국인 친구의 친구에게 사정해 토론토에 2주간 신세 질 곳을 마련해두었다.

대책 없이 짐만 한가득 싣고 공항버스 타기 전 집 앞 도로에서.

토론토에서 내 방 구하기

/

피어슨공항에 아드리아노Adriano라는 친구가 나를 마중 나왔다. 귀여운 인상의 그는 나를 좀 어색해했다. 하긴 얼마나 당황스러웠을까? 태어나서 한 번도 본 적 없는 한국 남자가 자기 집에서 2주 동안 지내겠다고 쳐들어오다니 말이다. 게다가 아드리아노는 여자친구와 함께 살고 있었다. 그 집에 신세 지며 내가 살 집을 알아보러 다니는 데 토론토 집값이 상상을 초월했다. 캐나다 수도인 오타와와는 행정수도일 뿐이고 경제 중심지는 토론토여서 많은 사람이 직장을 갖기 위해 토론토로 오기 때문에 집값이 비싸다고 했다. 이런 것도 알아보지 않고 오다니 한심하다는 생각도 들었지만, 그렇다고 안 왔을 것도 아니고 어쨌든 좋은 집을 찾는 게 급선무였다. 한국인 온라인 커뮤니티 '캐스모'도 한동안 둘러보았다. 이 커뮤니티에서는 쉽게 방을 구할 수 있을 것 같았지만 이왕 캐나다에 온 김에 외국인 룸메이트랑 지내면서 영어를 배우고 싶었다. 그래서 나는 개인 간 부동산 렌트 중개 사이트를 매일 탐색했다.

그런데 하필 내가 다닐 학교가 토론토 시내의 중심가에 있었다. 지하철비마저도 아끼고 싶은 나는 가까운 거리를 원했는데 그런 곳의 가격은 너무 비쌌다. 구경이나 가보자 하는 마음으로 연락하면 집이 이미 나갔다는 답변이 부지기수였다. 100통 넘게 메일을 보냈다. 그중에 10분의 1 정도가 집을 보러 오라는 답변을 보내주었다. 가끔 가격은 싼데 집주인이 직접 나오지 않고 대리인이 밖에서만 집을 보여주면서 돈을 먼저 요구하는 경우가 있었는데 이런 경우는 사기다. 2주 동안만 지내기로 한 아드리아노의 집에서 거의 한 달을 지내고 있으니 여간 눈치가 보이는 게 아니었다. 착한 아드리아노는 괜찮다고 하고, 나도 뻔뻔함이라면 꽤 단수가 높긴 하지만 커플이 사는 집에 계속 민폐를 끼칠 수는 없었다. 눈에 불을 켜고 하루에 10시간 이상 서핑하면서 가끔 연락 오는 집들을 찾아 돌아다녔다. 하지만 매일 허탕이었다. 사진상으로는 좋아 보여도 막상 가보면 방이 엉망이거나, 주변 분위기가 험악했다. 집주인이 나를 거절하는 경우도 많았다.

캐나다는 다민족 국가다. 토론토는 말 그대로 멜팅팟meltingpot이다. 거리에 중동사람, 아시아사람, 중남미사람, 백인이 한꺼번에 돌아다닌다. 캐나다로 이민한 지인의 말에 따르면 룸메이트가 외국인이면 영어도 많이 쓰고 좋을 것 같지만 실상은 생각보다 대화할 기회가 많지 않고 실제로 말도 잘 안 통한다고 한다. 무엇보다 문화 차이로 같이 지내기가 힘들다고 한다. 계속 방이 구해지지 않고, 시간만 흘러 초조해진 나는 한국인 룸메이트라도 구해야 하나 싶어졌다. 그래도 집은 한번 결정하면 쉽게 바꾸기 어려울 테니 좀더 적극적으로 찾아보기로 했다. 항상 검색하는 사이트로는 우리나라의 중고나라 같은 'Craiglist'라는 웹사이트를 이용했는데 한인커뮤니티에서는 거기에 사기꾼이 많다고 주의하라고 했다. 나는 방을 찾으면서 영어로 말할 기회가 생길 것 같다는 생각에 신경 쓰지 않고 계속 검색하며 연락이 오면 만나러 나갔다. 처음 외국인 집주인을 만날 때는 무슨 말을 할지 고민하면서 가곤 했는데 한 번, 두 번, 세 번, 거절이 계속되면서 부끄러움은 점점 사라지고 능청스러워졌다. 처음에는 문자나 이메일을 보내기 전에 다시 살펴보며 교정도 하곤 했는데 그렇게 잠깐 멈칫하는 사이에 점찍어둔 방이 바람처럼 사라지는 경험을 하면서 지금 나에게 필요한 건 문법적으로 정확한 영어보다는 빠르고 명확한 의사소통 능력이라는 것을 깨달았다.

같은 영어라도 모국어로서의 영어와 국제어로서 영어는 다르다. 영국, 미국, 캐나다 등에서 태어나서 모국어로서 영어를 쓰는 사람이 있고, 모국어는 아니지만 사회적으로 통용되는 언어라서 영어를 사용해 의사소통을 하는 사람들이 있는 것이다. 이민자로 구성된 캐나다, 특히 토론토에는 세계 각국의 사람들이 모여 살기에 사용되는 언어도 다양하지만 사회생활에서는 주로 공용어인 영어로 대화한다. 발음이 중국식, 멕시코식, 인도식 등으로 제각각이다. 그런 사람들과 대화하면서 내가 배운 방식이 미국식 발음이니 미국식으로 해달라고 요청할 수는 없다. 악센트나 발음을 신경 쓰는 사람도 별로 없다. 한국에서는 무조건 미국

식 발음(가끔 영국식 발음이 고급스럽다고 선호)을 따라 하려고 하는데 실제
상황에서 가장 중요한 건 빠르고 명확한 의사소통 능력이었다.

아솔샘의 유학 밑천 1. 대한민국 교사입니다만

캐나다에서 한국인 유학생이 구할 수 있는 숙소로는 첫째, 홈스
테이가 있다. 토론토에 유학 온 세계 각국의 젊은 친구들을 사귈
수 있다는 장점이 있다. 식사도 제공된다. 하지만 유학 온 친구
들이 다들 영어를 못한다. 금액 대비 서비스(시설, 음식)의 질이 낮
다. 어학연수가 목적인 나에게는 맞지 않았다. 다음은 룸 렌트가
있다. 종류로는 하우스, 콘도, 아파트가 있다. 하우스는 말 그대
로 주택의 2층이나 3층 등 일부를 대여하는 것이다. 그런 만큼 가
격이 비싸다. 토론토는 50년도 더 된 3층짜리 집이 100억이 넘는
곳도 많다. 토론토 외곽이라면 모르겠지만 시내에서 하우스를 구
할 생각은 일찌감치 버리는 게 좋다. 가격이 적절하다 싶으면 반
지하다. 햇살과 습도가 중요한 나한테는 안 맞다. 토론토의 콘도
는 우리나라로 치면 부대시설이 잘 갖춰진 고급 아파트라고 생각
하면 되겠다. 1층 로비에 안전요원이 상주하고 수영장, 탁구장,
농구장, 영화관, 목공소, 세탁실 등을 갖춘 완벽한 숙소지만 당연
히 가격이 높다. 토론토의 아파트는 앞서 설명한 콘도에서 부대
시설이 빠진 건물이라고 보면 된다. 1층에 상주하는 안전요원도
없다. 요즘은 많은 건물이 콘도로 지어지고 있어서 오래된 아파
트라도 잘 찾으면 좋은 가격에 넓은 공간에서 지낼 수 있다. 세입

자는 월세 1회분에 해당하는 금액을 보증금으로 내야 한다. 이와 조건이 다르다면 꼼꼼히 따져봐야 한다. 영어를 잘 이해하지 못하는 사람이라는 느낌을 주면 무조건 불리하다. 영어 능력이 곧 생존 능력이다.

토론토에 도착한 지 3주, 개학을 1주 앞둔 상황에서 드디어 좋은 방을 만나게 되었다. 답메일에 나와 있는 장소를 확인하니 도보 통학이 가능한 거리였다. 곧장 달려가 1층 로비에서 방문객 확인을 받은 뒤 엘리베이터를 타고 올라가서 초인종을 눌렀다. 오래됐지만 조용하고 아늑한 집이었다. 60대 독일인과 50대 싱가포르인, 두 남자가 나를 맞아주었다. 당시 나는 100통 이상의 메일을 보내고 열 번도 넘게 거절당한 상태였다. 한번은 방이 너무 마음에 들어 집주인에게 눈물로 호소하기도 했는데 결국 실패했다. 이번 집은 크진 않지만 아늑하고 청결했고 방에는 침대와 작은 냉장고도 있었다. 나는 이 방을 놓치면 안 되겠다고 생각했다. 그들은 집을 보여준 후 거실 소파에 앉아 나를 인터뷰하기 시작했다. 이에 기다렸다는 듯이 나는 대한민국 정부 지원으로 유학 온 교사라는 신분을 밝히고 앞으로 1년간 토론토필름스쿨에서 수학 예정이며 재정상태도 안정적임을 피력했다. 원하는 서류와 계약금을 오늘 당장 보낼 수 있고, 내일 당장 들어올 수 있으며, 나이도 서른이 넘어서 떠들썩하게 파티를 즐기는 20대와는 달리 조용할 것이라고 했다. 교사인만큼 물건들을 잘 관리하고 정리하는 특장점도 있다고 했다. 그들은 이런 내 설명이 꽤 마음에 드는 눈치였지만 바로 답을 주지는 않았다. 최대한 빨리 연락해주겠노라는 답과 함께 인터뷰가 마무리됐다. 그날 저녁에 그들로부터 메시지를 받았다. 드디어 토론토 시내에 내 방이 생긴 것이다. 토론토에 와서 계속 거절만 당하다가, 영어로 누군가를 설득하는 데 성공한 첫날이었다.

다문화적인, 너무도 다문화적인

/

　내가 이사한 곳은 토론토에서도 '처치Church'라고 하는 동네였다. 처음엔 '교회가 많은 곳인가?' 하고 단순히 생각했다. 집을 둘러보는데 방이 두 개뿐이었다. 아니 잠깐, 남자 셋이 사는데 왜 방이 두 개지? 두 분이 가족인가? 그럴 리는 없다. 닮은 데가 없다. 그때 이런저런 생각이 돌다가 탁 멈췄다. 아… 탄식이 나왔다. 그때서야 동네 이름을 검색해보았다. 세계 3대 성소수자 축제의 중심이 바로 토론토의 처치라는 것을 안 순간, 'Craiglist' 사이트에 들어가 세입자 구하는 광고를 다시 확인해보았다. 아… 분명히 적혀 있었다. 게이와 친근한 사람 선호한다고. 그래서 이렇게 위치도 좋고 조건이 좋은데 가격이 저렴했구나. '아솔아, 지금 필요한 건 오픈 마인드.' 그렇게 스스로를 다독이는 수밖에 없었다. 자유분방하고 아티스틱한 외국인 친구들과 기타 치고 노래하고 영상 만들며 신나게 지내보겠다는 나의 기대와 환상은 그렇게 아득히 멀어져갔다. 하지만 중년의 게이 커플을 룸메이트로 1년간 생활하면서 꽤 많은 것을 배웠다. 60대 울프Wolf는 엔지니어 출신의 은퇴한 독일인 이민자로 목공과 수리를 잘했다. 독일 특유의 근검절약과 효율성을 추구하는 태도가 곳곳에 스며 있었다. 선반 하나도 효율적으로 설계해서 직접 목공작업을 한 것이었다. 그를 보면서 베란다 등이 나간 채로 5년을 방치해두고 살았던 나를 돌아보았다. 싱가폴 출신 프레디Freddie는 굉장히 청결했다. 콘도 자체는 지은 지 20년 정도 되어 낡았으나 집안은 항상 깔끔했다. 화장실 관리 원칙도 철저히 지켰다. 샤워하고 나면 한시간 동안 환풍기를 틀어둔다, 일주일에 한 번 제대로 청소하기 등 모두가 다 알 법하지만 제대로 실천하지 않는 것을 세심히 실천하면서 공간 관리의 모범을 보여줬다.

물론 좋은 일만 있었던 것은 아니다. 1년 동안 그 좋아하는 삼겹살을 못 먹었다. 한번은 스테이크를 구웠다가 집주인 얼굴이 찌푸려진 걸 봤다. 한인 커뮤니티에서는 삼겹살 굽다가 쫓겨났다는 황당한 사연도 종종 올라왔다. 그 건물에 사는 동안 지하 사우나실에서 황당한 성추행을 당하기도 했다. 당시엔 어떻게 해야 하는지 생각이 서지 않아 신고도 못하고 나중엔 분해서 며칠 동안 잠도 못 이뤘다.

성추행 관련 기사를 보면 조사당국이 피해자에게 왜 그 상황에서 상대방을 제지하거나 소리 지르지 않았냐고 묻곤 하던데 실제 그런 일을 당해보니 알겠더라. 바로 적극적인 대처 반응이 나오지 않는다. 예측하지 못한 상황에서 갑자기 일이 일어난 경우, 나같이 젊은 남자도 상대를 곧장 제지하지 못했다. 사후에도 잘잘못을 바로 짚어 따지기가 어려웠다. 그 가해자가 나와 경제적인 관계를 맺고 있고, 이로 인해 내가 혜택을 받는 상황이라면 상대의 잘잘못을 가리는 건 더 어려워진다. 이런 문제는 사전에 정신적인 준비와 훈련이 필요하다. 나 역시 기분은 역겹지만 아무 말도 못한 채로 그 상황을 모면하기 바빴다. 내가 살던 동네는 밤마다 길거리에서 여장을 한 남성들이 호객행위를 하고, 술 취한 게이들이 치근대는 경우도 종종 있었다. 그래도 주말만 되면 이 동네의 바와 클럽은 인산인해를 이루었다. 말 그대로 문화충격이었다. 생각지도 못한 다문화를 온몸으로 겪은 것이다.

아솔샘의 유학 밑천 2. 삼십 년 인생 통한의 영어

우리나라에서 나고 자란 사람치고 입시와 취직을 준비하면서 영어에 대한 노이로제 걸리지 않은 사람은 없을 것 같다. 심지어 영어교사가 어려움을 호소하는 경우도 적지 않게 봤다. 나 역시 중학교 때 처음 알파벳을 배웠고, 고등학교 때 기초 회화도 안 되는 상태에서 수능 대비를 위해 어려운 독해 연습을 했다. 대학에 가서는 토익이라는 비즈니스 영어의 패턴을 암기하기도 했다. 실력이 초등학생 수준도 안 되는데 고급어휘를 다루니 뭔가 어긋난 느낌이었다.

〈굿모닝 팝스〉라는 라디오 방송이 있다. 시험과 상관없이 영어를 공부할 수 있는 시기라고 생각해서 대학생일 때 3년 가까이 이 프로그램을 들었다. 어느 날 〈굿모닝 팝스〉에서 영어로 노래 부르기 대회를 한다기에 미국 유학 중에 잠시 돌아와 있던 친구에게 알려주니 함께 나가보자고 했다. 상품 욕심 반 호기심 반으로 예선에 응모했다. 그 친구가 작사 및 기타를 치고 나는 노래를 불러서 영상을 만들어 제출한 것이 뽑혀 본선 무대에까지 오르게 되었다. 가족들의 응원을 받으며 상경하여 본선 장소로 갔다. 홍대 롤링홀이라는 음악클럽에서 우리나라 영어 대표강사 이근철 선생님과 영어 진행자 존John이 대회의 사회를 보았는데 행사 전에 잠시 인사를 나눌 기회가 있었다. 존이 우리에게 "How're you feeling?"이라고 물어봤다. 친구는 영어로 블라블라 대답했다. 나중에 이 부분을 곱씹어보고 친구가 무슨 말했는지 떠올려보니 '약간 떨리지만 굉장히 설레고 이 공연을 함께 즐기고 싶다'라는 평범한 답변이었다. 나는 "…"라고 답했다. 무대에 서서 노래해야 하는 상황이라 떨리기도 했지만, 실제로 외국인을 만나본 게 처음이어서 그 이질감에 심리적으로 위축되었던 것 같다. 어쨌든 공연은 무사히 마쳤고, 결과와는 상관없이 이색적이고 멋진 이 경험을 자축하면서 포장마차 파티를 즐겼다. 하지만 나는 그날 이후로 〈굿모닝 팝스〉를 더이상 듣지 않았다. 모든 영어 공부를 관뒀다. 지금 기분이 어떠냐는 사회자의 질문에 아무 말도 하지 못한 내 모습에 완전히 실망한 것이다. '난 너무 늦었어.'

교대 수업과 임용고시 수험서, 각종 교육 현장에서 자주 언급되는 언어학자 촘스키에 따르면 언어습득기제라는 것은 어릴 때 발달하고, 이후로는 습득이 아니라 학습이며 그 진도가 더디다고 했다. 중학생이 되어서야 알파벳을 배우기 시작해 대학생이 될 때까지 외국인과 대화 한번 제대로 해보지 못했다. 애당초 글렀다는 생각이 들었다. 주변에 영어 잘하는 사람들은 다들 외국에서 살다 온 경험이 있었다. '그래, 영어는 외국에서 살아야 하고, 그것도 어릴 때 해야 돼. 난 이미 늦었어.' 나는 그렇게 영어를 포기했다. 그러다 영어에 대한 내 관점이 바뀌는 사건을 만나게 된다. 한국어를 공부하는 외국인 친구를 만난 것이다. 그 친구를 보면서 내가 언어 배우는 속도가 더딘 게 아니라 너무 빨리 높은 수준에 도달하고 싶은 욕심에 갇혀 있었다는 것을 깨달았다. 내가 만난 외국인 친구는 '저는 초콜렛을 좋아합니다' 같은 간단한 문장 하나만 말할 수 있게 되어도 세상 행복한 사람이 됐다. 전에는 말할 수 없었던 것을 이제 할 수 있게 되어 좋다는 것이다. 그렇다. 몰랐던 것을 알면 되는 건데, 전보다 조금이라도 늘면 되는 건데, 우리에게 팽배한 경쟁은 그런 기쁨을 만끽할 시간을 주지 않았다. 나는 다시 시작하기로 했다. 이번에는 외국인을 만나면서 배워가기로 했다. 책이나 동영상 말고 외국인을 직접 만나 대화하는 상황에 적응하는 경험을 늘려가기로 했다. 점차 학교에 있는 원어민 선생님과 친구가 되어 이런저런 이야기도 하고 언어교환도 했다. 외국인 친구를 통해 다른 외국인 친구도 알게 되고, 그런 식으로 자연스럽게 영어를 사용하는 환경을 확장해나갔다. 그러다 유학 갈 생각까지 하게 되었다. 토론토에 도착해서 이제 본격적으로 영어를 사용하게 됐다. 내 평생 제대로 하긴 글러먹었다고 생각한 영어를 쓰며 살아가야 하는 환경에 나를 내던진 것이다.

저는 자격이 없는 것 같아요

/

　학교생활이 시작되자 자신감이 뚝 떨어졌다. 첫 학기부터 영화역사, 프로덕션, 사운드, 편집 등 과목명만 보고 있어도 곧 영화감독이 될 듯했는데 첫 수업에서부터 좌절하고 말았다. 영화역사 수업이었다. 나는 한국영화 역사도 잘 모르는데 교수님은 태초의 영화부터 1910년대 작품 얘기를 속사포처럼 쏟아냈다. 친절한 PPT 자료도 없고, 판서도 하지 않았다. 그냥 말로만 하고 끝이다.

　나는 수업 내용뿐 아니라 교수와 학생들이 나누는 말도 알아듣지 못했다. 사운드 수업 역시 영어로 하는 개념 설명을 이해하기가 어려워 멍하니 앉아 있기만 했다. 프로덕션 수업은 비교적 할 만했다. 각종 기술적인 설명을 듣고 제대로 이해하여 능숙할 때까지 실습하는 시간이 있었기 때문에 그럭저럭 따라갈 수 있었다. 편집만큼은 내가 좋아할 수 있는 시간이었는데 교수님이 이미지와 영상을 많이 보여주었기 때문에 설명을 이해 못해도 끝까지 수업에 집중할 수 있었다.

　첫 학기 첫 주가 흘러가고 금요일에 수업 마치고 집으로 돌아가는데 기분이 참 착잡했다. 일주일이라는 시간 속에 나는 묵음 처리된 채 강의실의 한 자리만 차지하고 있는 우울한 아시아인이었다. 영화에 대해 무지막지하게 무지하며 영어 실력도 형편없는 30대 한국인 유학생이라는 나의 현주소가 처절하도록 초라하게 느껴졌다. 한국인이 한 명도 없다는 말에 당차게 지원했는데 막상 와서 겪어보니 너무 외로웠다. 이제 어떻게 하지? 고민하던 나는 입학 전부터 이메일을 주고받던 학교 담당자에게 지금의 내 처지를 이메일로 전달했다. 앞으로 학교를 잘 다닐 자신이 없고, 그럴 자격도 없는 것 같다는 자조적인 내용이었다. 그리고 나서 주말 내내 시무룩한 채로 지냈다.

고민은 나눌수록 잘 풀린다

/

학교에서는 나 같은 국제학생을 위해 영어 튜터 제도를 운영한다. 내가 보낸 메일에 대한 답메일에도 영어 튜터를 신청할 수 있다고 쓰여 있어서 지체 없이 신청했다. 솔직히 일주일에 한 번 만나주는 영어 튜터에게 큰 기대는 안 했다. 그냥 지푸라기라도 잡는 심정이었다.

내 영어 튜터는 러시아 출신 여자 선생님이었는데 내 고민을 듣더니 나만 그런 어려움을 겪는 게 아니라는 사실을 계속 상기시켜주려 했다. 그리고 내가 해볼 수 있는 것들을 알려주었는데 그닥 획기적인 해결책은 아닌 것 같지만 시키는 대로 해보자는 생각이 들었다. 수업이 이해가 안 되는 문제는 교수님께 강의를 녹음해도 되는지 여쭤보고 집에서 다시 들으며 복습하라고 했고, 배울 부분을 미리 공부하면 수업에 더 집중할 수 있을 거라고도 했다. 하나씩 적용해보자 뜻밖에도 매우 효과적이었다. 빛이 보이는 것 같았다. 그 빛만 보고 그대로 해나가려고 노력했다. 그렇게 매주 튜터 선생님을 만나 내가 한 시도에 대한 피드백을 받았다. 튜터 선생님은 내 영어뿐만 아니라 학교생활 전반의 방향성을 제시해주었다. 암기에 효율적인 'Anki' 앱도 그녀가 소개해주었다. 영어 문법이 부족하다고 하면 캠브리지 영어 문법서를 복사해와서 가르쳐주었고, 친구 사귀는 게 어렵다고 하면 어떻게 접근하고 말하는지도 도와줬다. 졸업 준비에 관해서도 조언을 많이 해주었다. 그녀가 소개해준 일본인 선배한테도 많은 도움을 받았다. 20대 초반의 어린 학생들로 청춘들이 가득한 교실에 멍하니 앉아 있다가 밖으로 나와 성숙한 어른이 주는 조언을 들으니 답답했던 속이 뻥 뚫리는 듯했다.

게이 룸메이트들도 처음엔 '노잼'이라는 생각이었으나 이내 어른의 성숙함이라는 것은 이런 것이구나 싶을 정도로 좋은 모습을 많이 보여주었다. 독일인 울프는 내가 학교 일로 풀이 죽어 있을 때면 자기가 처음 토론토로 왔을 때 이야기를 해주었다. 본인 역시 이방인이고 연줄이 없는 이곳에서 막막했다고. 옆에 있던 프레디도 자기 개인사를 털어가며 나를 위로해주려고 애썼다. 그런 인간적인 지원을 받으면서 나는 풀죽었다가도 다시 기운을 낼 수 있었다.

아솔샘의 유학 밑천 3. 가르치며 배우는 언어교환

학교 수업 외에 과외 활동으로는 언어교환 프로그램을 다녔다. 언어교환은 모국어가 다른 사람들이 서로의 언어를 가르치고 배우는 것이다. 처음에는 'Meet-up'이라는 앱으로 토론토에 있는 모든 언어교환을 다 찾아다녔다. 대부분의 언어교환 모임이 늦은 밤 술집에서 열렸는데, 이게 좀 불편했다. 종일 수업을 들은 데다 다음 날도 수업이 있는데 시끄러운 음악소리와 어두운 조명 속에서 대화하는 게 즐겁지 않고 피곤했다. 그렇게 몇 번의 시행착오를 겪다가 드디어 나한테 맞는 모임을 찾아냈다. 대학 강의실에서 오후 4시부터 6시까지 매주 진행되는 언어교환 모임이었다.

20대 초부터 50대까지 참가자의 연령도 직업도 다양했다. 여기 발을 디딘 이후로 한국에 돌아올 때까지 매주 빠짐없이 모임에 참석했다. 나에겐 긴장을 내려놓고 편안히 수다를 나누는 휴식의 장소이기도 했다.

2분짜리 영상이 쉬운 게 아니야

/

첫 학기에 받은 개별 프로젝트는 Meaningful thing이라고 해서 2분 내로 자신의 인생에 있어서 가장 중요한 것을 자신의 목소리와 영상으로 표현하는 것이었다. 어떤 방식으로 표현하는지는 개인 자율. 두 달 가까운 시간이 주어졌고, 다들 처음엔 그리 어렵지 않을 것이라고 생각했다. 영상 좀 만들어본 친구들이 오는 영화학교인데 상식적으로 두 달 동안 2분짜리 영상을 만드는 게 어렵다고 할 수는 없으니까. 다들 이쯤은 식은 죽 먹기라고 생각하는 것 같았다. 첫 학기라서 학생 수준을 배려했다고도 하고, 너무 지루한 주제라고 하는 친구도 있었다. 어쨌든 다들 쉽다고 생각하는 듯했다.

나는 이 과제를 받은 날 즉시 작업에 착수했다. 다른 할 일도 없었다. 내 경험상 학생이 과제 제출 기한에 임박해서 교수에게 질문하기 시작하면 이미 늦다. 그때는 다른 학생들도 문의를 하기 마련이라서 친절한 피드백을 받기가 어렵다. 나는 얼른 영상의 얼개를 짜고, 교수님께 매주

피드백을 받으면서 촬영해나갔다. 동기들이 서로 촬영을 해주면서 도움을 주고받아야 하는 주제였지만 나는 혼자 진행했다. 룸메이트가 있는 집에 학교 친구를 데려와서 함께 작업하는 것이 내키지 않기도 했다.

나는 당시의 내 감정을 영상에 솔직히 담아내려고 노력했다. 수업이나 대화 중 본의 아니게 몰라도 아는 척해야 했던 상황들과 다른 문화로 인한 답답한 사정들 말이다. 내가 선택해서 온 유학인데 무슨 일을 할 때마다 불편하고 모르는 게 너무 많아 당황스럽지만 어떻게든 적응하고 극복해보려고 노력하는 내 모습을 있는 그대로 담았다.

처음 이 작업을 할 때에는 정말 부끄럽고 쑥스러웠다. 동기들과 함께 웃을 때도 사실은 내가 웃음 포인트를 눈치채지 못한 채로 그저 따라 웃고 있다는 사실을 알아차릴까 두려웠다. 지금 생각해보면 당시 친구들도 내 처지를 어느 정도 알고 있었을 텐데 내 쪽에서 있는 그대로의 내 모습으로 다가서지 못하고 있었던 거였다. 친절한 데렉Derek 교수는 내 기획에 대해 "굉장히 감동적인 스토리"라며 좋게 평가해주었다. 매주 의견을 주면서 좀더 나은 방향으로 나아가도록 도와주었다.

드디어 편집 교육실에서 시사회를 하는 날. 놀라운 사실이 드러났다. 반에서 절반 정도는 영상을 완성하지 못했다. '고작 2분'이라며 과제를 가볍게 생각했지만 막상 자기 인생에서 중요한 것을 하나 선택해 2분 안에 담아내기란 무척 어려운 일이라는 것을 마감에 닥쳐서야 깨달은 것이다. 명색이 영화과 학생인데 아무렇게나 막 만들 수는 없고 고민만 잔뜩 하다가 결국 마감을 맞추지 못했다. 그래도 반이나마 제출된 영상들로 시사회는 시작됐다. 몇몇 프로페셔널한 친구들의 영상은 화려했다. 아름다운 자연경관과 해상스포츠를 즐기는 모습을 담은 영상, 프로사진가

경력을 멋지게 표현한 영상 등 훌륭한 작품이 많았다. 그런 다음 내 수필 같은 영상이 상영되었다. 학교, 집, 언어교환 모임을 오가는 내 초라한 모습이 담긴 화면이 나타나자 쥐구멍이라도 있으면 숨어버리고 싶게 부끄러웠다. 마치 나체로 서 있는 기분이었다. 그렇게 어쩔 줄 몰라 하는 사이 영상은 끝나버렸다. 부끄럽지만 친구들 반응이 궁금해 주위를 둘러보는데 다들 아무 말이 없고 표정이 이상했다. 울먹이는 친구도 있었다. 그러다 친구들이 하나둘 다가와 내 어깨를 토닥여주면서 지금도 잘하고 있는 거라며 격려해줬다. 교수님도 'So good'을 연발하면서 추켜세웠다. 한 친구는 수업이 끝나고 다가와 이런 소감을 들려주었다.

"You were the best. It was really meaningful."

학기 시작 3개월 만에 학급 동료로부터 처음 받은 진지한 칭찬이었다. 영상이라는 매체를 통해서 관객의 시선을 내 맥락으로 끌어들여 공감을 이루는 짜릿함을 제대로 맛보았다. 영화가 뭔지도 모르던 나는 그렇게 영화의 세계로 한 걸음 한 걸음 들어가고 있었다.

ASK's Meaningful thing

난생처음 영어 연출 도전

/

영화는 여러 시퀀스로 구성되어 있다. 시퀀스는 이야기 단위를 말한다. 예를 들어 스파이더맨이 인질을 구출하는 시퀀스라고 하자. 그러면 그 안에 여러 씬이 있다. 야외에서 빌딩을 가로지르며 화려하게 인질을 찾으러 가는 씬, 인질이 있는 장소에 들어가는 씬 등으로 하나의 시퀀스가 구성된다.

연출 수업에서 씬 하나를 촬영하는 과제를 받았다. 모둠별로 이야기를 만들고 그에 대해 여러 역할을 나누어서 한 씬을 만드는 것이다. 서로 토의해서 하라고 했다. 그런데 그때 내가 미쳤지. 주제도 모르고 연출을 하겠다고 했다.

연출이란 무엇인가? 시나리오 작가는 시나리오, 즉 영상화할 이야기를 쓰고 촬영감독은 어떻게 화면에 담을지 조명을 고려해서 촬영한다. 배우는 시나리오 내용을 연기하고 세트 디자이너는 시나리오에 알맞은 소품 의상 등을 구현하며 사운드 오퍼레이터는 음향을 현장에서 녹음하는 역할을 한다. 그러한 사람들 모두와 긴밀히 상호작용하면서 자신의 방식대로 시나리오를 구현하는 일이 연출이다. 촬영이 끝나고 영상본을 이어 붙여서 이야기를 만드는 것이 편집이다. 대개 언어 소통이 원활하지 않거나 기술이 없으면 연출 보조나 사운드 혹은 후반작업을 맡게 된다. 그런데 말을 더듬는데다 나이는 많고 맨날 씩 웃고만 있는 내가 연출을 한다고 했으니 모둠원들이 반대할 법도 한데, 다행히 다들 싫다고는 못하고 잘해보라고 해줬다.

우리에겐 2주간의 준비기간이 있었다. 그런데 세 개 모둠 중 우리 모

둠이 제일 약체로 보였다. 프로 사진가를 필두로 세트 디자인이며 촬영
에서 빼어난 실력을 뽐내는 인재들이 모인 다른 모둠을 보면 풀이 죽었
다. 잘난 애들은 잘난 애들끼리 모이는 건 전 세계 공통인가 보다 싶었
다. 우리 모둠 친구들을 보니 연출을 하겠다고 나선 게 후회스러웠다.
하지만 이미 늦었다. 친구들이 속사포처럼 질문을 쏟아내기 시작했다.
카메라 파트는 촬영방식을 묻고 세트디자이너는 소품에 대해 묻고 조
연출은 배우 섭외에 대해 물었다. 그때 내 영어 튜터가 소개해준 일본인
선배 타츠야가 떠올랐다. 타츠야는 내 상황을 듣고 연기 전공 친구들을
연결해주었다. 토론토에 와서 인적 네트워크를 통해 문제를 해결한 첫
경험이었다. 이 일로 모둠 친구들의 사기도 높아져서 내 면이 섰다. 우
리는 최선을 다해서 촬영했다. 나중에 편집본을 가지고 교수님과 함께

첫 씬 연출 과제 후 동료들과 함께

이야기 나눌 때는 지적을 많이 받았지만, 그러거나 말거나 '영알못'이던 내가 토론토에 와서 처음으로 한 씬을 만들어냈다는 생각에 황홀하기만 했다.

ASK's 영어연출 과제

#3.

질문 없는
교실과
작별하기

나의 재발견

/

　말 못하는 내가 답답했다. 교실에만 들어가면 벙어리가 됐다. 왜일까? 우선 남의 말귀를 잘 알아듣지 못해서다. 그래서 조금 전 들은 말이 무슨 말인가 하고 곱씹다보니 수업하다 말고 상상의 세계로 떠나는 (정신이 안드로메다로 가는) 경우가 많았다. 그러다가 문득 이런 의문이 들었다. 매주 한 번씩 참여하는 언어교환 모임에서는 마음 편히 얘기하고 즐기는데 학교만 가면 소심해지는 이유가 뭘까? 언어교환 모임은 그 자체가 실수를 통해 배우는 게 목적이니 말을 잘 못 알아듣거나 틀리는 게 기회가 된다. 게다가 한국어는 내가 가르쳐주는 입장이니 자신감을 가질 수 있다. 외국인들은 한국어 배우는 과정을 굉장히 재밌어한다. 그런 분위기 속에 있으니 나도 덩달아 즐겁게 공부할 수 있었다. 그런데 학교에서는 아무래도 같은 전공 안에서 경쟁 아닌 경쟁이 있고, 서로 평가를 하니 실수하지 않으려고 긴장하게 된다. 진지하게 임하려다 보니 말과 행동이 경직되고, 금방 체력이 떨어져 집중력도 떨어졌다. 결국 수업의 흐름을 놓치고 중반쯤 되면 멍한 상태가 되곤 했다. 돌이켜 보면 그때 좀더 마음을 열어도 좋았을 텐데….

돌아보면 나는 늘 콤플렉스가 있었다. 초등학교 때는 인기 많은 친구가 부러웠고, 중고등학교 시절에는 운동 잘하는 친구를 보면 열등감이 느껴졌다. 대학생이 되자 조금만 공부해도 토익 같은 시험에서 척척 고득점을 하고 성적도 잘 받는 친구가 부러웠다. 사회인이 되자 집이 부자인 친구가 또 그렇게 부럽더라. 그런데 나에겐 몇 가지 특징이 있다. 우선 호기심이 많다. 그 호기심이 때론 주변 사람들을 불편하게 만들기도 하는 것 같다. 가만히 놔두면 질문을 끝없이 한다. 그래도 궁금한 건 물어보고 싶으니 항상 웃는 게 습관이 되었다. 웃는 얼굴로 질문하면 좀 나으니까. 나는 심한 길치이기도 하다. 운전은 곧잘 하지만 내비게이션이 없으면 목적지에 도착하는 건 불가능할지도 모른다. 특히 지하상가 같은 곳에서 코너를 한두 번만 돌면 그때부터 동서남북이 어딘지 방향 감각을 상실한다. 난처한 상황이 되기 전에 미리미리 지나가는 사람에게 길을 물어 방향을 확인하면서 다니는 게 습관이 됐다. 말도 많은 편이다. 물에 빠지면 주둥이만 뜰 거라고 누나는 나에게 입버릇처럼 말하곤 했다. 지금은 예전보다 좀 줄긴 했지만 그것도 말을 덜해서라기보다는 행동으로 더 많이 표현하게 된 것뿐이다. 이런 특징을 가진 한국 남자는 어디서나 튀기 마련이다. 그런데 유학생활에는 적합했던 것 같다. 어딜 가나 길치니 한국에 있으나 외국에 있으나 물어물어 다니는 건 다를 바가 없었고 수업 시간에 질문을 마음껏 못해서 답답했긴 했어도 교실 밖에서 만나는 사람들하고는 이야기를 많이 나눴다. 내가 입 닫고 있을 때는 수업 중에 이해가 안 되는데 질문할 말을 못 찾을 때와 다른 한국인 학생이 함께 있는 언어교환 시간뿐이었다. 내가 말을 너무 많이 해버리면 이제 막 영어를 배우는 한국인이 주눅이 들 것 같아서 적당히 하려고 신경을 썼다. 어쨌든 나는 토론토에서 참 다양한 사람들을 만나고 많은 이야기를 나눴다. 한국에서 평소에 단점으로 지적받던 점들이 다른 장소와 다른 문화권에서는 장점이 될 수 있다는 걸 직접 체감한 소중한 경험이었다.

아솔샘의 유학 밑천 4. 밑도 끝도 없는 호기심과 만렙 스몰토크

나는 처음 본 사람하고도 날씨가 어떠니, 밖에 무슨 일이 있다느니, 커피가 뭐가 좋다더라 하는 등의 이야기들을 끝도 없이 나눈다. 나는 학교에서 만나는 거의 모든 사람하고 이야기를 나눴고, 집에 들어갈 때도 1층 로비의 안전요원하고 한참 이야기를 나누다가 올라가곤 했다. 엘리베이터 안에서 사람을 보면 또 말을 건넨다. 대체 낯선 사람하고 무슨 말을 그렇게 하느냐고 물어보는 사람이 있다. 나는 그냥 지금 내 눈에 들어온 것으로 말을 시작한다. 예를 들어 1층 로비의 안전요원이 택배 물건을 다른 거주자에게 건네주는 걸 보면 다가가서 오늘 택배가 많이 왔냐, 어떤 종류의 물건이 많이 오냐, 택배 때문에 힘들지는 않냐 등 소소한 질문을 한다. 엘리베이터에서 강아지와 함께 있는 주민을 만나면 암컷인지 수컷인지 물어보고, 산책은 자주 나가는지, 강아지는 어디에 가는 걸 좋아하는지 등을 물어본다. 이런 일상에 대한 가벼운 질문에는 다들 거부감 없이 기분 좋게 답변해준다. 또한 자기가 좋아하는 것에 대한 타인의 관심이 반갑고 고마운 건 동서고금 남녀노소 마찬가지인 법이다. 이런 대화가 몇 번 반복되면 사이가 좋아지는 게 느껴진다. 정말 궁금해서 묻는 거냐고, 왜 그런 게 궁금하냐고 물으면 뭐라 답해야 할지는 모르겠다. 꼭 영어를 연습하기 위해서라기보다는 타인의 삶에 대한 호기심이라고 말할 수 있을 것 같다. 종일 로비를 지키고 있으면 심심할 텐데 안전요원은 어떻게 시간을 보낼까, 택배가 많이 오면 힘들 텐데 어떻게 처리할까, 강아지는 어디로 산책 나가는 것을 좋아할까 등 나도 언제든 겪을 수 있는 상황이라는 생각에 사소한 일에도 호기심이 생기고 모르는 사람에게서도 공감의 실마리를 찾게 된다.

모르면 모른다고 말하는 게 뭐가 어때서

/

촬영 수업 때 한 여학생이 질문을 했다. 셔터스피드가 뭐냐고. 남학생들의 야유가 쏟아졌다. 카메라 용어에 익숙하지 않으면 당연히 모를 수 있다. 그런데 영화학교의 촬영 클래스에서 이런 초보적인 질문이라니 창피를 당할 만도 했다. 그때 여학생이 벌떡 일어나서 고개를 돌리더니 자신을 놀린 친구들 눈을 똑바로 응시하며 이렇게 말했다. "나는 영화 제작을 좋아하는데 아직 카메라는 잘 몰라. 그래서 영화학교에 와서 촬영 시간에 내가 모르는 부분을 물어보는데 이게 왜 창피해야 해?" 이런 논조로 한참 연설을 하더니 마지막에 "We were all beginners once"라는 멋진 말로 마무리해서 좌중의 박수를 받았다. 놀리던 친구들이 꼬리를 내렸고 교수님도 친절하게 가르쳐주었다.

잠깐의 해프닝이지만 나에겐 문화적 충격이었다. 모르는 것에 당당할 수 있다는 게 이렇게 멋지다니! 나야말로 이해를 못할 때가 부지기수였는데 대다수가 영어권 현지인들로 구성된 클래스에서 나 하나 못 알아들은 것을 다시 설명해달라고 하는 것은 민폐인 것 같아 그냥 넘어가곤 했다. 그러다 보니 점점 이해 못하는 게 많아져서 수업을 따라가기가 어려웠던 시기였다. 나보다 나이는 적지만 훨씬 더 성숙한 그 친구의 태도에 공감이 되고 존경스러웠다. 수업이 끝나고 그 친구에게 다가가 내가 아는 부분을 그 친구가 이해할 때까지 도와줬다.

우리나라 교실이라면 어땠을까? 우선 학생이 좀처럼 질문하지 않는다. 기본적인 교과지식을 교수에게 물어보는 건 뻔뻔하다는 인상을 주기도 한다. 겸손과 배려로 서로를 너무 의식하는 나머지 솔직하게 자기 입장과 의견을 드러내기가 주저되는 게 우리 문화다. 섣불리 질문을 했다가는 '그런 것도 모르는 사람'으로 낙인찍힌다. 어쩌면 면전에서 야유받는 것보다 그렇게 단번에 '무지하거나 무례한 사람'으로 인식돼버리는 것이 더 두려운 상황인지도 모르겠다. 이 경험을 통해 나는 어떤 질문을 받더라도 그 사람을 섣불리 판단하지 않겠다고 다짐했다. 나도 용기 내서 아무리 가벼운 것이라도 모르는 것은 주저하지 않고 묻기로 했다. 모르는 걸 알고자 질문하는 것은 배우는 학생의 권리니까.

그 당시 이 친구를 놀렸던 친구들은 지금 무얼 하고 있을까?
샤넬(Shanell)은 현재 넷플릭스 쇼에서 Full time Second Camera Assistant로 일하고 있다.

아솔쌤의 유학 밑천 5. 질문하지 못한 자의 슬픔

질문: 알고자 하는 바를 얻기 위해 묻는다. (네이버 백과사전)

10대 시절을 돌이켜보면 나는 유난히 겁이 많은 아이였다. 어린 시절의 사진을 보아도 사람들 속의 나는 웃는 얼굴이 아니고 겁에 질린 듯한 표정일 때가 많았다. 그땐 뭔가에 억눌려서 뭐든지

해볼 생각 자체를 하지 못했던 것 같다. 20대가 되어서도 가슴속에서는 뭔가 뜨거운 게 꿈틀거리지만, 하고 싶은 것에 비해서 할 수 있는 게 별로 없다는 걸 알았던 것 같다. 어른을 공경하는 문화 속에서 자라면서 어른이면 나보다 훌륭한 사람이라고 믿었고 그들과 다른 내 생각, 내 의견, 내 주장을 드러내지 않는 게 습관이 된 것 같다. 그런데 대학생이면 어엿한 성인인데 강의실에서도 나는 질문을 하지 않았다. 왜 그랬을까? 그렇게 해서 무엇을 배웠나? 배우지 못할 거라면 그곳에 왜 있었던 걸까. 머나먼 타국까지 와서 공부하면서도 어릴 때의 그 두려움이 아직도 내 몸 안에 남아 있는 걸 느낀다.

'내가 이걸 물어봐도 될까?'

'내가 이걸 모른다는 걸 이제 다들 알게 되겠군.'

'나만 모르는 거 아닐까?'

'내가 묻고 싶은 걸 영어로 정확하게 전달할 수 있을까?'

이렇게 고민만 하다가 기회를 놓치기 일쑤였다. 그렇게 망설이고 망설이다 돌아온 날은 기분이 많이 무거웠다. 어릴 때는 내가 바꿀 수 있는 문제가 아니어서 죄책감은 없었다. 그런데 토론토에서는 교사 생활을 6년이나 하고 유학까지 온 내가 이런 감정에 휩싸인다는 게 참 한심했다. 나는 아이들에게 편하게 질문해도 좋다고 말했다. 질문하는 걸 어려워하면 안 된다고 말했다. 그런 김교사는 토론토까지 가서야 깨닫는다. 그게 말처럼 쉬운 게 아니라는 걸. 허용적인 분위기라도 어느 정도의 실력과 자신감이 있어야 편안하게 질문할 수 있었다.

교수자가 아무리 허용적이라 해도 학생이 심리적 두려움에 갇혀 있어서 좀처럼 속마음을 꺼내지 못할 수도 있다. 그런 학생에게 는 좀더 기다려주고 지속적인 관심을 기울여주어야 한다. 말하기 싫어서가 아니라 두려워서 그런 것일 수도 있으니 말이다.

나는 나만의 질문 방식을 찾아보기로 했다. 수업이 시작되기 전, 다들 수다 떨고 장난치느라 산만할 때 교수님께 다가가 질문했 다. 그러면 나는 나대로 친구들의 관심을 받지 않는 상태에서 질 문해서 부담이 적고, 교수님도 다른 학생을 의식하지 않고 나를 위한 개별적인 답변을 해줄 수 있었다. 때로는 교수님의 수업 준 비를 도우면서 틈틈이 질문하기도 했다. 질문이 개념과 관련된 질문일 경우에는 내가 이해한 데까지 먼저 말한다. 내가 알고 있 는 게 맞는지 아닌지를 점검하여 어디서부터 잘못 알고 있는지를 짚고 나서 다음 단계로 나아간다. 질문하는 요령에 대해 이처럼 고민을 많이 했지만 아직도 상황과 맥락에 따라서 적절하게 질문 하는 일이 쉽지 않다. 하지만, 지금 돌아보면 내가 현장에서 떠올 려 적용하는 쓸모 있는 지식들은 언젠가 내가 던진 물음에서 시 작된 것이었다. 그래서 무언가에 호기심이 생기면 나는 어떻게든 그 문제에 대한 관심을 표현해서 내가 무엇을 모르고 있는지를 드러내려고 노력한다.

영어로 프리젠테이션을?

/

토론토필름스쿨은 한 학기가 3개월 단위이고 열흘 남짓 방학을 한다. 한 학기를 마치고 두 번째 학기가 되니 그제야 마음이 좀 느긋해지면서 학급 친구들이 눈에 들어오기 시작했다. 친구들과 가볍게 농담을 주고 받는 일도 자연스러워졌고, 쉬는 시간에는 같이 춤추기도 하는 등 반 분위기에 겉돌지 않고 그럭저럭 잘 어울렸다.

수업에도 흥미를 느끼기 시작했다. 기획 수업에서는 흥미로운 과제를 받았다. 영화 제작자가 펀딩을 받을 수 있는 통로로 'Indiegogo'와 'Kickstarter' 사이트가 있는데 이들의 특장점을 비교 분석하여 프리젠테이션하라는 것이었다. 잘 살펴보고 생각을 정리해서 말로 풀면 되는 것이니 부담스럽지 않았다. 사람들 앞에서 말하는 건 내가 교사가 된 뒤로 쭉 해온 일이니 잘해낼 수 있지 않을까 하는 기대감이 있었다. 다른 친구들이 발표하는 것을 보니 평소 떠들기는 잘해도 공적인 말하기 경험은 전무한 듯했다. 대부분이 컴퓨터 옆의 책상에 손을 짚은 채 삐딱하게 서서 청중을 제대로 바라보지도 못하고 어색해하며 준비한 자료를 읽어 내려가기 바빴다. 발표를 통해 자기가 알고 있는 지식이나 메시지를 전달하고 싶은 마음보다는 얼른 그 상황을 모면하고 싶은 마음이 더 큰 게 보였다. 드디어 내 차례가 되었다. 나는 천천히 앞으로 걸어 나가서 청중을 둘러보았다. 다들 나를 향해 시선을 집중했다. 나는 한 번 씨익 웃어주었다. 내가 웃는 걸 보고 다들 덩달아 웃었다. 그때 직감했다. 잘될 것 같다.

초등 교사는 학생들이 집중할 수 있도록 동작을 크게 하고 어조의 높낮이도 폭넓다. 아이들이 집중할 수 있는 시간이 5분을 넘기 어렵기 때문에 초등 교사는 사람들의 이목을 집중시키는 말하기 훈련이 충분히 되어 있다. 무슨 말을 하려나 하고 기대하는 눈빛을 보내는 친구들에게 나는 지금부터 질문을 하겠으니 아는 사람은 손으로 표시를 하라고 말했다. 나는 초등학생에게 발표시킬 때 손을 'ㄴ' 모양으로 만들게 한다. 손을 쭉 높게 들면 팔이 아플 수 있으니 간단히 발표의사를 표할 수 있도록 초등 현장에서 많이 쓰는 동작인데 영화학교 동급생들이 이를 굉장히 신선해했다. 나는 학생들에게 속사포 퀴즈를 던지기 시작했다. '두 회사 중 어느 회사가 더 많은 자본금으로 시작했을까?' 스무고개 스타일로 질문과 답을 주고받으면서 학생들의 대답에 추임새를 넣어주었다. "Good guess, but think again⋯." 다양한 추임새를 넣어주자 분위기가 금세 달아올랐다. 마치 다시 대한민국 교사로 돌아온 느낌이었다. 퀴즈를 끝내면서 '나라면 이 서비스를 이용할 거고 그 이유는 이런 것이며, 그때 여기 있는 여러분과 함께 영화를 만들고 싶다'는 취지의 마무리 발언으로 발표를 마쳤다. 박수가 쏟아졌다. 교수님도 만족스런 미소를 보내주셨다. 처음 해본 공식적인 영어 프레젠테이션은 그렇게 성공적으로 끝이 났다.

아솔샘의 유학 밑천 6. 6년간의 초등 교사 경력

흔히 교사가 학교를 떠나면 할 일이 없다고들 말한다. 교사의 지식은 학교에서 학생을 가르치는 데 말고는 쓸모가 없다고 생각해서다. 나는 그렇게 생각하지 않는다. 지식은 얼마든지 다시 채울 수 있다. 하지만 가르치는 이의 행동양식, 즉 강의하고 질문하며 학습자의 반응을 통한 확산적 질문 등의 과정에서 일어나는 배움과 교감은 단순한 지식으로 습득되는 게 아니다. 교수자가 학생하고 상호작용한 경험이 충분히 축적되었을 때 비로소 생기는 것이라고 생각한다. 그날 수업에서 내가 잊지 못할 뿌듯함을 느꼈던 건 많은 사람 앞에서 영어로 발표하는 상황을 잘 마무리한 때문이기도 하지만 초등 교사 경력이 꽤 유용하다는 것에 대한 자부심 때문 아니었을까?

도전하는 용기와 '이불킥'은 한 세트

/

난 항상 배움과 경험에 목말라 있다. 게다가 휴직하고 어렵게 준비해서 온 유학인데 제대로 배워야 한다는 생각에 더 몸이 달았다. 영화 제작을 잘 배워서 좋은 영화를 만들고 싶었다. 잘 만들려면 잘 알아야 하고, 잘 알려면 직접 해보지 않으면 안 된다고 생각했다. 그런데 실제 연출을 배울 기회가 많지 않았다. 원하는 만큼 실기 시간이 주어지지 않았다. 모처럼 하는 실습 때도 긴장해서 어물대다가 다른 사람에게 차례가 넘어가버리곤 했다. 이렇게도 해보고 저렇게도 해보면서 차근차근 나아가야 하는데 그럴 여유가 없었다. 생각을 하느라 잠시 망설이고 있으면 친구들이 채근하거나 대신 진행해버렸다. 별로 힘 안 들이는 것 같은데 멋진 장면을 척척 연출해내는 다른 학생들 때문에 자신감도 계속 떨어졌다.

어느 날 학교 게시판에 영화 제작 크루를 구한다는 공고가 났다. 일곱 명 정도의 소규모 제작진이 영화를 만드는데 일정을 보니 나도 할 수 있을 것 같았다. 나는 곧장 연락해서 다짜고짜 촬영감독을 내가 해도 되느냐고 물었다. 촬영에 자신이 있어서가 아니라 촬영을 배우고 싶어서 지원한 거다. 어떤 일을 잘하고 싶으면 일단 그 일을 시작해야 한다는 게 평소 내 신념이다. 실력을 만들고 나서 일을 찾겠다고 생각하면 늦다. 당시 내게는 유학 성사 기념으로 마련해온 DSLR 카메라도 있었고, 이 기회를 놓치고 싶지 않았다. 제작진과 학교 휴게실에서 만났다. 그런데 모임에 나 말고는 국제학생이 아무도 없었다. 모임에 국제학생이 여럿 섞여 있으면 아무래도 대화할 때 적당한 수준의 어휘로 천천히 의사소통을 하게 된다. 그런데 구성원 대다수가 잉글리시 네이티브라면 그런 배려가 필요 없을 테니 어떤 대화가 오갈지 상상이 될 것이다. 캐나다 본토 친구들의 속사포 대화 속에 내가 비집고 들어갈 틈은 전혀 없었다. 멍하게 앉아 있는데 모든 게 결정됐다. 내 역할은 촬영감독이 아니라 사운드 담당.

영화 제작에서 사운드가 몹시 중요하긴 하지만 연출이나 촬영에 비해 의사소통이 많지는 않다. 담당자의 기술력이 더 중요한 영역이다. 그래도 끼워준 게 어디냐 싶었다. 아는 사람 하나 없는 새로운 그룹에 끼어서 극한 영어 환경에 노출된 것만 해도 나에겐 새로운 모험이었다. 그날부터 나의 '이불킥' 에피소드가 시작되었다.

첫 촬영 장소는 내가 사는 곳으로부터 한 시간 정도 떨어진 마트였다.

촬영장에 도착한 나는 깜짝 놀랐다. 촬영 준비가 너무 안일하다는 생각이 들었다. 학생이니까 장비가 좋을 수는 없겠지만 카메라 한 대 외엔 아무것도 없었다. 추가 렌즈도 조명도 없었고, 흔한 반사판 하나 준비해 두지 않았다. 역할 정하는 자리에서 더 적극적으로 어필했어야 하는데 안타깝다는 생각이 들었다. 내가 촬영감독을 맡았다면 훨씬 잘 준비할 수 있었는데…. 연출 입장에서는 의사소통이 편한 같은 반 친구를 쓰고 싶었겠지만…. 아쉬운 마음이 가득했지만 그래도 현장에 온 이상 최선을 다했다. 친구들이 하는 농담을 잘 알아듣지 못해도 크게 개의치 않았다. 어차피 거기엔 일하러 간 것이고, 내 역할은 사운드를 잘 담아내는 것이니까.

촬영 현장에는 파트별로 지켜야 하는 규칙이 있다. 상황마다 조금씩 다를 순 있지만 대체적으로 연출 혹은 조연출이 'Quite on set'이라고 외치면 이제 촬영에 들어가니 조용하라는 신호이다. 'Camera'라고 외치면 카메라의 녹화버튼을 누른 후 'Rolling'이라고 말한다. 'Sound'라고 외치면 사운드 담당 역시 녹음버튼을 누르고 'Rolling'이라고 외쳐준다. 감독이 'Ready' 하고 주변을 둘러보며 준비가 다 되었다는 판단이 들면 외치는 말이 'Action'이다. 나는 지나치게 진지한 상황에서 긴장하면 엉뚱한 실수를 하곤 하는데 이때도 어김없이 일이 일어났다. 연출의 사인을 기다리며 마이크를 들고 서 있는데 조연출이 갑자기 나를 불렀다. 나는 촬영 사인인 줄 알고, 'Rolling'이라고 외치고 배우를 쳐다봤다. 그런데 다들 웃는 것이었다. '이건 뭐지?' 순간 기분이 묘하면서 창피함을 느꼈다. 조연출은 그때 나를 향해 녹음 사인을 준 게 아니라 이렇게 말한 거였다. "How was the sound?" 녹음한 소리가 어땠냐고 물어보는 거였는데 장엄한 표정으로 "Rolling" 하고 외치며 진지하게 배우를 바라보았으니, 얼마나 웃겼을까. 사실 충분히 그럴 수도 있는 거긴 한데 그땐 '영어 못하는 아시아인 크루'라는 인식을 주고 싶지 않았기 때문에 의기소침해졌다. 그날 촬영은 저녁 11시쯤에 끝났다. 밖은 어둡고 비가 내렸다. 돌아오는 버스 안에서 친구들이 영화 이야기를 했는데 알아듣지 못했다. 안 들렸던 건지 안 듣고 싶었던 건지 기억조차 가물가물한데 창피했던 감정만은 또렷하게 남아 있다. 용기를 낸 건 좋았지만 용기가 곧바로 내가 되고 싶은 모습의 나로 만들어주는 건 아니더라. 아, 또 생각난다. 이불킥.

아솔샘의 유학 밑천 7: 1일 1떡의 행복

영화 〈올드보이〉에 배우 최민식이 군만두 먹는 장면이 있다. 최민식은 갇혀 지내는 15년 동안 하루도 빠짐없이 군만두를 먹는다. 〈올드보이〉에 군만두가 있다면 내 유학생활에는 찹쌀떡이 있었다. 최민식의 군만두와 내 찹쌀떡은 위상이 완전히 다르긴 하지만.

학교 마치고 집으로 돌아가는 길에는 수많은 사람을 스쳐 지나게 된다. 하지만 그중에 아는 사람은 없었다. 당연한 일인데도 가끔은 외롭다는 느낌이 들었다. 그럴 때면 한인마트에 들러 군것질거리를 사곤 했다. 어느 날은 마트에 새로운 먹거리가 들어와 있는 걸 발견했다. 냉동 찹쌀떡 세트가 먹음직스러운 자태로 떠억 한 자리를 차지하고 있었다. 찹쌀떡 열두 개가 든 박스를 사 가지고 와서 하나를 먹었다. 정말 맛있었다. 그러다가 문득 이런 생각이 들었다. 이 찹쌀떡을 매일 하나씩 먹으면 12일 동안은 행복하지 않을까? 그날부터 하루에 한 번 찹쌀떡 먹는 시간을 가졌다. 일이 생각처럼 잘 안 풀리는 날에도 저녁에 집에 가서 찹쌀떡 먹을 생각에 기운을 내곤 했다. 할까 말까 주저되는 일 앞에선 한 번 더 힘을 내보자며 도전했다. 때론 잘되기도 하고 때론 안 되기도 했다. 잘되든 안 되든 매일 밤 집에 돌아가면 찹쌀떡 하나를 먹었다. 먹을 때마다 하얀 찹쌀가루가 떨어져 성가시기도 했지만 매일 밤 혼자 방에서 조용히 찹쌀떡을 먹을 때면 고향 생각도 나고 뭔지 모를 포근함이 느껴졌다. 사람들은 보통 커피나 케이크로 기분 전환을 한다는데 나에게는 찹쌀떡이 매일 하루만큼의 행복을 보장해주는 확실한 소확행이었다.

경험자가 주는 정확한 조언의 가치

/

첫 학기가 끝나고 10여 일의 자유 시간이 있다는 걸 알고 남미 여행을 계획했다. 타지에서 생활해보니 어디 가서든 살 수 있을 것 같았다. 토론토의 겨울이 춥다는 소문에 조금이라도 따듯한 곳에 있다가 와야겠다는 생각에 의욕이 더해졌다. 한국에서 남미 가려면 드는 돈과 시간이 만만치 않으니 캐나다에 있을 때가 기회이기도 했다. 페루에서는 서핑을 배우고, 볼리비아에서는 우유니 사막을 보고 싶었다.

출발을 한 달 정도 앞둔 시점이었는데 생각보다 비용이 비쌌다. 그날 밤도 졸린 눈을 비벼가며 검색하고 있는데 알고 있던 비행기 값보다 20만 원 정도 저렴한 티켓이 나왔다. 망설일 이유가 없어 일정만 확인하고 곧바로 결제했다. 휴대전화에 결제완료 메시지가 도착했다. 마음속으로 쾌재를 불렀다. '이제 가는 거다 남미로!'

그때 시각이 저녁 11시 55분이었다. 그날 밤 내 마음은 이미 남미를 여행 중이었다.

다음 날, 학교 수업이 오후라 컴퓨터 앞에 앉아 즐거운 마음으로 어제 구매한 티켓을 확인했다. '최단시간 비행에다 일정도 좋고 가격도 좋… 잠깐, 이게 뭐지? 2000Canadian dollar라고 생각했는데? 이게 뭐지? 저 괴상한 마지막 단위는 무엇인 거지?'

처음 보는 단위였다. 달러도 유로도 아니었다. 그건 파운드였다. 2000Cad가 아니고 2000£였던 것이다. 갑자기 등골이 오싹하고 뒷목이 조이는 느낌이었다. 캐나다달러와 미국달러도 30% 안팎으로 차이가 나는데 파운드라니…. 캐나다달러와 파운드는 70% 이상 차이가 난다. 한마디로 말이 안 되는 가격이었다. 놀란 나는 취소버튼을 찾았지만 보이지 않았다. 거래한 사이트는 평소 이용하던 곳도 아니었다. 부리나케 메일을 보내 구구절절 상황을 설명하고 취소를 요청했다. 취소가 되긴 했다. 60만 원의 수수료와 함께…. 너무 억울했다. 옷을 사도 특별한 일 없으면 일주일 이내에 교환·환불이 되고, 공연티켓도 일정 기간 안에 취소하면 전액 환불이 되는데 고작 열두 시간 사이에 60만 원이라니…. 내일 떠나는 비행기도 아닌데 말이다. 환불 규정을 살펴보았지만 자세한 내용이 없었다. '당일에만 전액 환불'이라는 두루뭉술한 항공업계 규칙을 다른 사이트에서 읽을 수 있었을 뿐이다. 너무 답답한 마음에 이메일을 보내 물어봤지만 자동 답장만 왔다. 참을 수가 없어서 본사에 전화를 걸어 담당자에게 문의했는데 결론은 60만 원 나온 위약금을 내가 물어야만 한단다. "According the policy"를 기계적으로 반복하는 담당자에게 그 정책이란 게 뭐냐고 하니 '날짜가 지나서 전액 환불이 안 된다'는 거다. 내가 23시 55분에 구입했는데 그럼 5분 안에 취소해야만 전액을 환불 받는다는 거냐고 했더니 그렇단다. 항공회사 환불 정책에 관한 기나긴 설명을 영어로 듣느라 촉각을 너무 곤두세운 나머지 두통이 시작되었다. 우선 전화를 끊고 주변 사람들에게 도움을 청하기 시작했다. 룸메이트들에게 물어봤다. 룸메이트들은 내가 잘못한 거란다. 앞으로 이 일을 교훈 삼아서 실수하지 말라고 한다. 문화적 이질감이 느껴졌다. 이게 그렇게 큰돈을 잃어야 할 만큼 대단한 실수인가? 학교 친구들에게도 물어봤다. 다들 내 상황에 공감하며 안타까워했지만 어떻게 대처하면 좋은지에 대해서는 말해주지 못했다. 실수를 밥 먹듯이 하면서도 한국에서는 잘 지내왔는데, 이렇게 납득 못할 손해를 감당해야 하다니, 이런 게 문화 차이인 것일까? 어쨌든 나는 내 잘못을 인정하고 싶지 않았다. 적어도 60만 원어치 잘못은 아니다. 이건 누구라도 할 수 있는 단순한 실수다. 다만 다음엔 좀 신중해야겠다는 다짐 정도는 했다.

결국 나는 해당 사이트에 싸움을 걸었다. 이렇게 큰 수수료를 물어야 하는 근거를 달라고 했다. 사이트 측에서는 본인들도 중개사라서 항공사에 수수료를 물어야 한다며 구체적인 근거는 사업자끼리의 문서이기 때문에 줄 수 없다고 했다. 나는 해당 항공사에도 연락해봤다. 답이 없었다. 그 와중에도 학업은 계속되어야 해서 학교 다니는 틈틈이 해당 업체에 이메일을 남기고, 전화를 해댔다. 내가 돈을 내야 하는 구체적인 이유를 알려달라고 했다. 하지만 돌아오는 건 여전히 "According to the policy…"라는, 앵무새 같은 답변뿐이었다. 그러다 목요일마다 만나는 튜터 카테리나 선생님에게도 이 문제에 대해 물어보았다. 예전에 항공사 콜센터에서 근무한 경험이 있다는 카테리나 선생님은 "24시간 내에 취소한 티켓에 대해서는 전액을 환불해주는 것이 전세계 항공사들의 기본 규약"이라고 했다. 그리고 내가 시도해볼 수 있는 대처 몇 가지를 일러주었다.

나는 곧바로 실행에 옮기기로 했다. 선생님은 우선 해당 여행사에 돈이 가지 않도록 신용카드를 정지시키라고 했다. 정지했다. 소비자가 카드로 결제했다고 해서 돈이 바로 해당 업체로 가는 게 아니라는 것을 나는 그제야 알게 되었다. 카드사에서는 분쟁 조정 신청도 해주었다. 항공사에 카드사의 조치를 설명하니 그제서야 항공사 정책을 나에게 이메일로 보내주었다. 내가 맞았다. 24시간 이내 취소 시 전액 환불된다는 규정이 있었다. 나는 이 내용을 바로 캡처해서 신용카드사의 조치 내용과 항공사 규정을 첨부한 메일을 사이트 측에 보냈다. 그랬더니 연락이 왔다. 담당자와 한 시간 가량 대화했고, 다음 날 전액 환불 조치하겠다는 메일을 받았다.

이 일로 인해 나는 어떤 문제가 생겼을 땐 그와 관련한 경험이 없는 백 사람보다 경험해본 한 사람에게 묻는 것이 중요하다는 것을 절실히 느껴졌다. 이 일화는 이후에도 두고두고 큰 힘이 되었다. 돈 때문에 시작된 상담이었지만 결국 나의 권리를 찾는 일이었고 이 경험은 유학생활 전반에 정말 큰 힘이 되었다. 나도 카테리나 선생님처럼, 도움이 필요한 상황에서 정확한 도움을 줄 수 있는 사람이고 싶다는 생각을 하게 된 사건이었다.

2주 동안 하루도 안 빠지고 업체에 전화해대는 통에 10만 원이 넘는 통화료가 나왔지만 매일 30분 정도씩 '전화영어' 했다고 생각하면 그리 비싼 금액도 아니라고 생각하고 털어버렸다.

사람의 마음을 움직이는 힘

/

비행기표 사건을 해결하자 곧 방학이었고, 어쨌든 남미 여행은 예정대로 떠났다. 생각해둔 대로 먼저 페루로 가서 서핑을 하고 맛있는 음식도 먹었다. 마추픽추를 보러 쿠스코라는 도시로 이동하는 길에 여행자들한테서 근처에 5천 미터 높이의 무지갯빛 산이 있다는 얘기를 들었다. 안 가면 아쉬울 것 같아 마추픽추에 가기 전에 무지개 산 비니쿤카에 가기로 했는데 페루에서 맞은 황열병 주사 때문인지 컨디션이 좋지 않았다. 이번이 아니면 다음 기회는 없을지도 모른다는 생각이 여행자의 일정을 무리하게 만든다. 나는 줄줄이 예약해둔 일정에 차질이 없게 하려고 지역 여행사에 등록해 다른 여행자들과 함께 무지개 산에 올랐다. 한 시간 남짓 올라가니 바로 해발 5천 미터 고지였다. 시작한 지점의 고도가 높은 데다 한 걸음, 한 걸음마다 고도가 점점 높아져 고산병의 위험이 도사리는 곳이었다. 몸 상태가 걱정이 되었기 때문에 돈을 좀 써서 말을 타고 올라가는데 금세 속이 메스껍고 어지러워졌다. 말이

나를 태워주는 것은 좋지만 말이 한 걸음 한 걸음 걸을 때마다 흔들리는 안장 때문에 머리가 아프고 몸이 부르르 떨려왔다. 정상에 도착해서도 간이 판매소 옆의 바람 피하는 자리에서 가만히 앉아 있어야 했다. 그때 일행 중에 20대 초반의 브라질 여성이 다가와 위스키 한 병을 건넸다.

술기운에 컨디션이 반짝 괜찮았을 때

고산병에 시달리던 나를 도와준 말

절반만 마시고 달라고 했다. 머리가 아파 죽겠는데 술을 권하다니 황당해서 웃음이 나왔다. 근데 다른 현지인들이 어서 마시라고 하는 것이다. 잠깐 망설이다가 몇 모금 길게 들이켰다. 10분 정도 지났을까 거짓말처럼 몸이 멀쩡해졌다. 더이상 바람이 차게 느껴지지 않았다. 그제서야 풍경이 눈에 들어왔다. 나도 일행들처럼 그곳의 아름다움을 마음껏 즐겼다.

하지만 딱, 거기까지였다. 갑자기 몸이 다시 나빠졌다. 다들 하산하기 시작하는데 나는 제대로 걷지도 못하는 지경이었다. 말이 있는 곳까지도 기어가다시피했고, 깨질 듯한 두통에 혼미한 상태로 일행이 있는 곳까지 겨우 도착했다. 차에 도착하자 일행들의 표정이 좋지 않았다. 나 때문에 30분 이상 기다렸다는 것이다. 하지만 나는 그런 걸 신경 쓸 여력조차 없었다. 여행 인솔자에게 겨우 사과하고 차에 올랐는데 아까 위스키를 건네주었던 브라질 여성이 괜찮냐고 물어왔다. 대답 대신 내 머리를 손으로 한 번 가리키고는 자리에 풀썩 앉아 눈을 감았다. 거기서 숙소가 있는 쿠스코라는 도시까지는 차로 네 시간이 걸린다. 반쯤 넋 나간 상태로 누워 있는데 브라질 여성이 내 어깨를 치며 자기에게 머리를 맡기라는 표시를 했다. 나는 대꾸할 힘도 없어 그녀가 하는 대로 놔두었다. 그 친구는 내 머리를 지압하기 시작했다. 꼬박 두 시간을 쉬지도 않고 정성 들여 지압을 해주었다. 이번 생애 그런 경험을 다시 해볼 수 있을까 싶다. 여행 중 우연히 만난 사람이 아파 보인다는 이유로 두 시간 동안 지압을 해주다니 이런 일이 흔할까? 게다가 자기도 막 하이킹을 하고 와서 몹시 피곤할 텐데 말이다. 어쨌거나 몸 상태가 좋아지는 게 느껴졌기 때문에 그녀의 손에 나를 맡겨둔 채로 잠자코 있었다. 중간 지점에서 식사할 때 그녀는 담요를 가지고 와서 내 무릎에 덮어주고, 내

몫의 음식을 가져와 수프를 떠먹여주었다. 갑작스런 어린아이 취급에 대단히 어색했지만 거부할 수가 없었다. 그냥 그 브라질 친구가 해주는 대로 가만히 있었다. 그런데 마법 같은 일이 일어났다. 차에서부터 그 친구를 지켜보던 여행자들에게 변화가 일어난 것이다. 한국인 여행자들이 다가오더니 고산병 약을 건네는가 하면 멀미 기운이 있을 때 먹으면 좋은 사탕을 챙겨주기도 했다. 한 외국인은 자기랑 자리를 바꿔도 좋다고 했다. 인솔자도 나를 먼저 숙소에 내려주겠다고 했다. 거기 함께 있던 모두가 자신이 줄 수 있는 도움을 주려고 했다. 얼굴이 화끈거렸다. 혼자 여행을 다니며 이렇게 여러 사람의 보살핌을 한꺼번에 받게 될 거라고는 생각도 못했으니까.

점심 식사를 마치고 다시 두 시간 정도를 달려 처음 출발했던 쿠스코로 돌아왔다. 나는 먼저 내려주겠다는 권유를 마다하고 같은 장소에서 함께 하차한 뒤 일행들과 일일이 인사를 나누고 헤어졌다. 힐러가 되어준 브라질 여성에게도 감사함을 표하고 이름을 물어보았다.

"Pao Shults."

"파오 슐츠."

고맙다고 연신 인사하는 내게 그녀는 괜찮아 보여서 다행이라는 말을 남기고 유유히 사라졌다. 이후로 누군가 어려움에 처한 걸 보거나 들으면 항상 이 친구를 떠올리곤 한다. 진정성 있는 도움의 손길로 주변 사람 모두에게서 선의를 이끌어낸 그녀에게 무한한 존경과 감사를 느낀다. 여러 사람의 도움과 참여가 필요한 일을 하게 될 때면 파오 슐츠를 떠올린다. 그러면 지금 내가 할 일이 무엇인지, 묻지 않아도 알게 된다.

#4.

필름스쿨은
계속된다

기회는 뜻밖의 곳에서

/

유학 가서 첫 3개월은 모든 게 신선했지만 어느 정도 지내고 나니 여느 학교를 다니는 것과 다를 바 없는 일상이었다. 학교 가서 수업 듣고 할 일 하고 나면 피곤했다. 영화 볼 시간도 많지 않았다. 그리고 유난히 추웠다. 토론토의 겨울은 영하 10도가 기본이다. 영하 20~30도로 내려가는 일도 잦다. 화성보다 춥다는 토론토의 겨울을 나고 나니 마지막 학기였다. 마음이 초조해졌다.

영화학교만 들어가면 세계 곳곳에서 온 친구를 사귀고 마음껏 창작욕을 발산할 수 있을 줄 알았다. 하지만 여기도 생활비 때문에 일하는 친구들이 정말 많았다. 학교가 도시 중심에 있어서 오는 데만 두 시간씩 걸리는 친구들도 적지 않았다. 그러나 보니 다들 바빠서 자유롭게 창작할 여유가 없었다. 나는 일주일에 세 시간 정도인 실습이 턱없이 모자라 답답했다. 뭔가 해보고 싶어서 안달인데 막상 닥치면 어떻게 할지를 몰라 발만 동동 구르며 초조해했다.

촬영 수업 때였다. 교수님이 우리더러 원하는 이미지가 있으면 마음껏 표현해보라고 했다. 나는 호기롭게 손을 들고 촬영감독 겸 연출을 맡겠다고 했다. 그런데 그다음이 문제였다. 표현하고 싶은 이미지가 있으면 스태프한테 무엇을 준비할지 안내해야 하는데 내 머릿속이 너무 청순했다. 내가 연출과 촬영을 맡기만 하면 친구들이 아이디어를 내어 그걸 같이 발전시켜가며 멋진 이미지를 만들 줄 알았다. 그런데 현실은 달랐다. 모두들 내 말만 기다리고 있었다. 더 정확히 표현하면 내가 있는 카메라 쪽으로 아무도 오지 않았다. 원래 연출이나 촬영감독이 이미지를 그리면 다른 스태프가 그것을 구현하기 위한 작업을 시작한다. 그런데 우리 반 친구들은 다들 교실 한쪽에서 장난치며 놀고 있었다. 교수님도 신경 쓰지 않았다. 나는 와서 도와달라고 소리쳤다. 그러자 뭐가 필요한지 정확히 말하라고 오히려 나를 재촉했다. 그런 관계에서 오는 긴장감이 불편하고 짜증났다. 마음속으로 이미 난 포기했다. 그리고 애들한테 말했다. "솔직히 어떻게 찍어야 할지 모르겠어."

나는 멋진 숏의 느낌만 구상하고 하고 있었다. 그런데 그것을 어떻게 표현하고, 전달할지 몰랐다. 괜히 신경질적이 되어 친구들이 하나둘 떠나가고 결국 그 수업에서 난 아무것도 구현하지 못했다. 그 뒤로 학교 가는 게 싫어졌다. 반 년 넘게 다녔지만 아직도 뭘 하고 싶은지 몰라서 친구들의 지지를 받지 못하는 나 자신에게 너무 화가 났다. 나와는 반대로 그걸 해내는 친구들이 정말 부러웠다. 마음속에 점점 응어리가 맺히는 것 같았다.

그 무렵 한국에서 뜻밖의 소식이 왔다. 나에게 처음 영상을 알려준 성열 형이 사회적 기업으로부터 후원 받은 단편영화 제작비가 있는데 혹시 영화 찍을 마음이 있냐는 것이다. 내 대답은 당연히 오케이. 처음에는 둘이 따로 한 편씩 하자고 했지만 시간과 자원의 문제로 내가 연출을 하고 성열 형이 프로듀싱을 맡기로 했다. 그런데 영화로 만들 이야기가 없었다. 당장 시나리오 담당 교수님을 찾아갔다. 아이들과 관련된 영화를 만들고 싶은데 그런 시나리오를 가지고 있는 학생을 추천해달라고 했다. 교수님은 내 이야기를 듣더니 바로 그 자리에서 전체 학생에게 메일을 보냈고 나는 그날 30편이 넘는 시나리오를 받았다.

여러 시나리오 중에서 할머니와 손녀 이야기가 마음에 와닿았다. 작가는 러시아 여학생이었는데 이야기가 따뜻하고 서정적이었다. 한국의 정서와 닮아서 머릿속에서 바로바로 그려지는 이미지들도 많았다. 나는 "고!" 하고 외쳤고 그렇게 영화 프리 프로덕션(기획)이 시작되었다. 내가 한국에서 제작 지원을 받았고 시나리오 전공 교수님으로부터 시나리오도 제공받았으며 곧 작업에 들어간다는 소문이 학교 안에 금세 퍼졌다. 교실에서 나를 보는 학생들 눈빛이 달라진 게 느껴졌다. 우리 학교 학생들은 주로 마지막 학기에 졸업 요건을 충족하기 위해 직접 영화를 연출하거나 다른 친구의 작품에 참여한다. 학교 다닌 지 1년도 채 안 된 내가 연출 기회를 잡고 작업을 추진한다니 친구들이 달리 볼 만도 했다. 촬영 잘하기로 소문난 데니스Dennis가 한국행을 결정하면서 제작은 순항하기 시작했다.

하지만 마음이 편한 것만은 아니었다. 학교를 다니다가 중간에 한국으로 돌아간다는 것이 마치 패자가 된 기분이 들었다. 어려운 시기도 있었지만 조금씩 성과가 나오는 시기이기도 했는데 도중에 돌아가려니 고민이 될 수밖에 없었다. 필름스쿨을 졸업하고 이곳 현장에서 일을 좀더 배우고 싶은 마음도 있었다. 나중에 임용시험을 다시 보는 한이 있더라도 당장은 교사직을 그만둘까 하는 생각도 했다. 그래도 꿈에 그리던 영화 제작을 외국인 스태프와 할 수 있는 기회가 펼쳐진 게 생각할수록 신기하기도 하고 행복했다. 한국에서는 성열 형이 캐스팅이며 장소를 섭외했고, 초등 교사 몇몇과 조선대 영화 동아리 학생들을 중심으로 크루를 모집해주었다. 나는 2주간의 방학을 이용해 한국으로 와서 영화를 찍었다. 그동안 교사들끼리 역할을 나누어서 아이들과 자체적으로 영상을 만들어본 경험은 있었지만, 전문적인 장비와 역할로 제대로 진행해본 건 처음이었다. 촬영감독 데니스는 현장 경험이 많아 그때그때 필요한 일과 역할을 미리 말해주어서 나 같은 초보 감독이 진행하는 데 도움이 많이 됐다. 프로듀서 역할을 맡아준 성열 형은 지금도 두고두고 감사하다. 말만 하면 소품을 가지고 와주고, 모든 문제를 척척 풀어주는 만능 해결사였다.

실제 영화 제작은 영화학교에서 배운 것처럼 체계적으로 진행되지는 않았다. 몇 달 전부터 준비해서 착착 진행하는 이상적인 상황과는 거리가 멀어도 한참 멀었다. 우리는 시간이 터무니없이 부족했다. 그래도 할 수 있는 한 치열하게 준비하고 진행했다. 하루에 두세 시간 자면서 밀어붙이느라 무척 피곤했지만 촬영장 가는 길은 늘 설레었다. 촬영장에서 나는 세상 누구보다 열정적이었다. 안 되면 될 때까지 하면 되는 줄로 알고 폭포처럼 에너지를 쏟았다. 예정된 촬영은 이틀이었지만 초보

감독이 예상치 못한 수많은 변수로 인해 하루가 추가됐다. 하필 그 마지막 날에 비가 억수로 쏟아졌다. 우리 제작진은 기도하며 촬영장으로 향했다. 가편집한 분량을 돌려보면서 우리의 노력이 영상으로 변환된 과정을 짜릿하게 즐기고 있을 찰나 거짓말처럼 비가 뚝 그쳤다. 우리는 그 기세를 몰아 촬영을 무사히 끝냈다.

토론토로 돌아가 편집하는 과정에서 꽤 긴 인고의 시간을 보내야 했지만 모든 것이 아주 멋진 경험으로 남았다. 기회를 갈망하며 방황하고 갈등하던 토론토의 이방인에게 걸려온 한국에서의 전화 한 통. 기회는 그렇게 예기치 않은 곳에서 불쑥 나타난다.

단편영화 〈더플라워〉 촬영 현장에서

단편영화 〈더플라워〉 촬영 현장에서

성장을 나누고 경험을 곱하며

/

　예전부터 여행은 많이 다녔지만 내 삶의 태도를 모험가로 바꾸어놓은 건 유학이었던 것 같다. 소극적에서 적극적으로, 비평가에서 모험가로, 방향 전환이 확실히 됐다.

　토론토에서는 날것 그대로의 삶을 살았다. 나 김아솔이라는 인간 속의 감정을 감추지 않고 드러내며 세상과 부딪쳐 소통하려 부단히도 애썼다. 하나의 대단한 사건이 아니라 크고 작은 일들이 씨실과 날실처럼 엮여서 나를 변화시켰다. 지금도 매일 변화하고 있다고 생각하지만, 30대 초반에 지금껏 살아온 곳에서 멀리 뚝 떨어져 지낸 시간은 내 몸과 마음에 커다란 흔적을 남겼다. 낯선 문화 속에서 사랑하는 일에 푹 빠져 마음껏 고민하고 돌아온 그 시간이 나를 부쩍 자라게 한 것 같다.

2018년 8월 31일. 나는 한국에 돌아왔다. 그건 끝이 아닌 시작이었다. 한국에 돌아온 후로 주어진 상황 속에서 내가 원하는 것과 할 수 있는 것 사이에서 고민하며 새로운 시도를 해나갔다. 그사이에 아이들과 함께 새로운 꿈 하나를 키웠고, 내 꿈 하나도 실현했다. 누나가 쓰던 배낭 달랑 하나 메고 산티아고 순례길을 다녀온 것이다. 그때 우연히 만난 핀란드 친구와 우정을 다지며 짐벌 하나 스마트폰 하나로 사람들이 왜 산티아고에 오는가에 대한 다큐멘터리를 찍었다. 학교의 배려로 대학원에 진학하고, 공부하는 틈틈이 아이들과 다양한 창작활동을 해나갔다. 영화 제작을 경험할 수 있는 곳이면 어디든 찾아갔다.

뜻이 맞는 선생님들과 함께 글로벌 단편영화 제작 워크숍을 시작했다. 외국인 참여자와 함께하는 공동창작을 통해 창작의 즐거움을 누리고 자기 재능을 발견하며 그 과정에서 자연스럽게 영어도 습득할 수 있게 만든 프로그램이다. 내가 성인이 되어 그렇게 영어를 배웠고 현재도 그렇게 배우고 있으니 다른 분들에게 그런 환경을 나누어주면 어떨까 싶어 시작한 워크숍이다. 창작활동에 관심이 많은 원어민 교사들이 내 의도를 이해하고 열정적으로 참여한다.

이 워크숍의 좋은 점을 어떻게 알릴지 궁리할 때 언어학자 크라센 Krashen의 학습이론이 눈에 들어왔다. 영어를 빠르게 습득하기 위해서는 학습자의 자존감이 높아야 하고 동기부여가 잘되어야 하는데, 학습자를 불안하게 하지 않는 학습 환경이 매우 중요하다고 했다. 글로벌 단편영화 제작 워크숍은 이러한 조건을 만족시키는 환경이다. 그래서 방학마다 빠짐없이 진행하고 있다. 누구나 자기 아이디어로 이야기를 다듬어 촬영과 편집, 시사회까지 마친다. 진행 일정이 무척 빠듯하게 느껴지긴 하지만 참여자 만족도가 매우 높다. 덩달아 나도 이 사회에 뭔가를 기여하고 있다는 생각에 뿌듯해진다.

2020 전국교사영화교육협회 겨울 단편영화 제작 워크숍을 마치고

2020 글로벌 영화제작 워크숍을 마치고

끝나지 않는 나의 영화 수업

/

나는 여전히 덜렁대고 실수 만발이다. 특히 학교행정에서는 그런 모습이 두드러진다. 영화를 만들 때는 이렇게 해보고 저렇게도 해보며 더 나은 결과물을 만들어내기 위해 수없이 많은 시행착오를 겪어도 되지만 학교행정에서는 정해진 규칙을 따르는 것이 우선이라는 사실을 아직도 깜빡하곤 한다. 그래서 교무실이며 행정실에서 걸려오는 전화를 받으며 연신 죄송하다며 진땀을 흘린다.

좀더 좋은 교사가 된 건 확실하다. 요새는 내 안티카페가 없으니 말이다. 학생에게 친절한 것에는 예나 지금이나 변함이 없지만 일단 성취기준을 정하고 나면 그 수행과정을 엄격하게 관리한다. 사람이 성장하기 위해서는 자기 한계를 넘어서야 하고, 그러기 위해서는 매일 그만큼의 노력을 기울여야 한다. 나는 아이들이 나를 재미있는 교사로 기억하기보다는 나와 함께하며 많은 새로운 것을 경험하길 바란다. 나와 함께한 시간이 나중에 뿌듯한 기억으로 남길 바란다. 내가 내 잠재력을 끌어내려고 끊임없이 노력하는 것처럼 아이들한테서도 잠재력을 발견하고 재능을 개발할 수 있는 방향을 제시하고 환경을 마련해주려고 한다. 그래서 아이들하고도, 부모님들과도 대화를 많이 한다.

내가 영화에 빠져서 유학까지 다녀온 이야기는 그다지 대단할 것도 없고 너무나 개인적인 스토리이지만 한번쯤은 정리해서 나누고 싶었다. 평소, 스쳐지나는 감정도 붙잡아 짧게라도 기록해두는 습관이 이 파트를 쓰는 데 유용한 길잡이가 되어주었다. 다음 파트에서는 영화를 매개로 아이들과 어떻게 만나고 다양한 가치를 함께 만들어갈 수 있는지 실제 수업 사례를 소개하려고 한다. 내 사례만으로는 한계가 있어 오랫동안 영화를 통한 교육에 헌신한 선생님들의 도움을 받았다.

Part II

/

학교에
영화를 들이다

#1.

아이들과
영화의 만남

친해지기

/

아무리 인터넷 시대이고 영상 시대라지만 영화 촬영 경험은 특별하다. 촬영을 마치고 나면 아이들에게 소감을 물어본다. 반응이 참 좋다.

"조금 힘들기는 했는데 재밌었어요." "또 하고 싶어요." "다음엔 친구 데려와도 돼요?" "언제 편집돼요?" "영화 언제 나와요?" "또 언제 찍어요?"

특히 수업 시간에 선생님 말에 집중하지 못해서 자주 야단맞던 친구 일수록 촬영하는 날을 기다리고 기대도 큰 것 같다. 왜 그럴까? 평소 자주 화내거나 쉽게 의기소침해지던 학생도 촬영하는 날이면 언제 그랬냐는 듯 상냥하고 씩씩하다. 왜 그런 걸까?

아이들은 상상하는 걸 좋아한다. 내일 무슨 일이 펼쳐질지 모를 때 어른이라면 두려움을 느끼지만 아이들은 설렌다. 영화를 만든다는 건 아이들에게 상상의 놀이터이다. 영화 촬영 현장에서는 나이나 성별, 역량과 상관없이 자신의 역할로 존중받기 때문에 아이들이 더 즐겁게 참여하지 않나 싶다. 그 결과물을 함께 볼 때는 더 짜릿한 흥분을 느낀다. 상상의 세계가 넓어지고 존중받는 분위기 속에서 아이들은 한없이 자유로워진다. 압박이 없는, 자유로운 환경에서 즐겁게 하는 활동하는 가운데 아이들은 자신도 모르던 자기 능력과 매력을 발산한다. 교실이 매일 이런 분위기면 어떨까? 교사는 아이들에게 그런 환경을 어떻게 만들어줄 수 있을까?

소통 에피소드 1. 카메라로 다가가기

점심 시간에 화단 근처에 있는 아이들을 불렀다.
"사진 찍고 싶은 사람!"
"저요, 저요" 하고 두 친구가 달려왔다.
"둘이 같이 찍어줄게요."

그런데 왠지 둘 사이가 어색하다.

"좀더 가까이 붙어볼까?"

여전히 뭔가 어색하다. 잠시 방법을 궁리하던 나는 화면 밖에서 이 두 친구들을 보면서 키득키득 웃고 있는 여학생 중 한 명에게 도움을 요청한다.

"거기, 흰옷 입은 예쁜 친구가 가운데 들어올래요? 다 같이, 김치!"

한결 자연스러워졌다. 내 카메라가 저 가운데 여학생 같은 역할을 하는 게 아닌가 싶다. 나와 학생들 사이를 연결시켜주는 통로.

소통 에피소드 2. 어색함은 빼고 자신감은 더하고

휴직을 마무리하고 학교로 돌아오자마자 아이들과 영화 작업을 하고 싶었다. 그런데 우리 학교 아이들은 수줍음이 많다는 걸 새삼 느끼게 됐다. 카메라만 보면 긴장하는 기색이 역력하다. 어느 날 교문 앞에서 친구를 기다리는 여학생을 보고 다가가서 물어봤다.

"사진 찍어줄까?"

"사진이요? 찍고 싶긴 한데, 창피해요."

"왜?"

"얼굴이 각이 져서 별로 안 예뻐서요. 애들이 사진 보면 놀릴 거예요."

아이가 자기 얼굴을 그렇게 생각하고 있다니 깜짝 놀랐다. 이 아이는 며칠 전 사이버폭력예방 캠페인 영상을 만들 때 출연한 경력도 있었다. 그때 캐나다인 사진작가가 이런 말을 하기도 했다. "저 친구는 카메라가 좋아하는 얼굴이네." 내가 왜냐고 묻자 아이 얼굴에 균형이 잘 잡혀 있다는 거다. "보통 사람들은 얼굴이 비대칭이기 마련이지. 그런데 배우 얼굴이 비대칭이면 곤란해. 카메라에 잡히는 이미지가 왼쪽 오른쪽이 다르면 관객의 감정선에 영향을 줄 수 있어." 과연 듣고 보니 일리 있는 말이었다. 아이 얼굴이 다르게 보였다. 그래서 그날도 아이를 보자마자 사진을 찍고 싶어진 건지도 모른다. "선생님이 한번 잘 찍어볼게. 찍은 거 보고 네 마음에 안 들면 바로 지우자. 5분만 줘."

"그런데 어디서 찍어요?"

"어디긴, 바로 여기지."

나는 교문 옆 학교 담벼락을 가리켰다. 아이는 고개를 끄덕이며 쑥스러운 듯이 담벼락에 기댔다. 나는 아이에게 어떤 표정도 어떤 몸짓도 요청하지 않았다. "그냥 거기 서 있기만 하면 돼. 내가 알아서 카메라를 돌려볼게." 카메라라고 했지만 그것은 내 스마트폰에 박힌 조그마한 렌즈를 말하는 것이었다. 하지만 짧은 시간 동안 최선을 다했다. 그리고 보정 프로그램으로 이용해서 간단히 색감만 조정하고 사진을 보여줬다. 아이의 얼굴이 환해졌다.

"어때?"

"저 아닌 거 같아요."

"너 맞는데? 포토샵 보정도 안 했어. 이거 진짜 너야. 색감만 조금 조정한 거야."

어쩔 줄 몰라 하며 좋아하는 아이의 모습에 내 기분도 덩달아 좋아졌다. 그날 하루의 피로가 온데간데없이 사라져버린 것 같았다. 바로 이 사진이다.

점점 늘어나는 아이들 사진

　그날 이후 아이들 사진을 찍어주고 싶은 마음이 샘솟기 시작했다. 중간 놀이 시간이나 점심 시간에 아이들을 보면 이렇게 물었다. "사진 찍고 싶은 사람?"

　아이들은 기꺼이 모델이 되어주지만 요구도 많다.

　"선생님, 저 완전 이쁜 거 알죠? 못 찍으면 바로 삭제 각이에요!"

　"저는 이 포즈로 찍을게요."

　"간지 줄줄 흐르게 찍어주세요."

　물론 사진 찍기 싫어하는 친구도 있다. 저마다 이유가 있겠지만 굳이 묻지는 않는다. 우선 찍고 싶다는 아이들을 정성스레 찍어준다. 점심 시간에 놀고 있을 때 찰칵, 등굣길에 찰칵, 교실에서 친구들하고 이야기할 때 찰칵, 비 온 뒤 젖은 운동장 위에서도 찰칵.

아이들은 사진 찍는 것을 점점 더 좋아하게 되었다. 쉬는 시간이면 사진 찍어달라며 조르는 아이들이 늘어났다. 6학년 사춘기 아이들은 은근한 눈빛으로 사진 찍어달라는 신호를 보내왔다. 그럴 때마다 냉큼 달려가서 사진을 찍어주곤 했다. 그렇게 한 장 한 장 찍다보니 사진이 꽤 많이 모였다.

아솔샘의 학생 사진 촬영 팁

1. 스마트폰을 준비한다. 사진 보정 애플리케이션을 내려받는다. 대표적인 무료 앱으로는 SnapSeed가 있다.

2. 아이에게 다가가 촬영 의사를 물어본다.

3. 배경을 고른다. 뒤로 선이 없고, 색이 복잡하지 않으면 좋다.

4. 야외 촬영이라면 오전 11시에서 오후 2시 사이는 피한다. 수직으로 내리 꽂히는 햇빛이 아이들 얼굴에 주름처럼 나타나기도 하기 때문이다. 이 시간대에 사진을 찍는다면 챙 넓은 모자를 쓰게 하거나 그늘에서 찍는다. 실내에서 찍을 때는 형광등 조명은 피하는 게 좋다. 햇살이 들어오는 창가 쪽에서 찍는다.

5. 아이가 부끄러워하여 자세 잡는 게 어색하면 구체적으로 지시해준다. 손 올리기, 손 내리기, 고개 돌리기, 시선 바꾸기.

6. 아이에게 휴식 시간을 주고 사진 보정 앱을 이용해 보정한다.(보정 앱을 사용하는 건 고급 카메라 기종에서 표현되는 색상과 명도, 채도 등의 느낌을 보완해주기 위해서다.)

　1) 자르기 툴로 화면 구도를 잡는다.

　2) 전체적인 화면 노출을 조절한다.

　3) 색상별 채도를 조절한다.

　4) 사진을 출력한다.

7. 아이를 불러 가장 잘된 사진을 보여준다.

8. 스마트폰에 아이 이름의 폴더를 만들어 저장해둔다. 필요한 경우 아이 혹은 아이 부모님께 사진을 전송해준다.

시선 맞추기

/

영화를 만들 때는 프로듀서, 촬영감독 등 제작팀을 꾸리는 것이 우선이다. 그런 다음 배우와 촬영 장소도 정해야 한다. 영화 제작에는 고도의 기술과 치밀한 계획이 단계별로 필요하지만 촬영 상황은 매우 즉흥적으로 흘러간다. 그 즉흥성 역시 수많은 변수를 고려해서 치밀하게 준비했다는 전제하에서 허용될 수 있는 것이다.

수많은 작업이 긴밀하게 맞물리는 촬영 현장에서는 어느 하나 소홀히 할 수 있는 것이 없다. 세트, 카메라, 음향, 조명, 소품 등이 배우와 함께 적재적소에서 역할을 다해야 한다. 그러나 영화의 시작에서 마지막까지 함께하며 나침반이 되는 것은 결국 시나리오다. 시나리오는 하나의 이야기이고, 그 이야기에는 한 인간의 시선이 담겨 있다. 화가는 그림으로, 문학가는 글로, 무용가는 춤으로, 영화연출가는 영상과 소리를 통해 자신의 시선을 드러낸다.

아이들의 시선은 어떨까? 어떤 이야기에 그 시선을 담을 수 있을까? 초등학생이라면 판타지나 모험 등의 이야기로 잡아볼 수 있겠고 중등의 경우는 사춘기 시절의 내적 갈등에 관한 이야기일 수 있다. 개인적인 상황을 다루면서 동시에 보편적이라 또래 학생들이 함께 작업에 몰입할 수 있을 것이다.

공동 작업 과정에서 학생들은 생각보다 많은 갈등을 겪는다. 교사는 최대한 지원하되 학생들이 직접 선택하고 결정하게 해야 한다. 스스로 변화하고 성장해가는 모습을 기다릴 수 있어야 한다. 아이들과 눈높이를 맞춘 상태에서 시나리오를 영상으로 구현해나가는 단편영화 제작은 교사와 학생 모두에게 커다란 배움을 선사한다고 나는 믿는다.

공동창작이 아이들에게 주는 영향: 무기력한 아이들이 달라졌어요!

각종 방송장비와 어지러운 선, 곳곳에 보이는 거미줄, 전혀 조화롭지 못한 각종 가구들, 어리둥절한 방송부원들. 2018년에 내가 처음으로 2018년 방송부를 맡게 되었을 때의 방송반 풍경이다. 한때는 인기였던 방송활동을 학생들이 점차 기피하게 되면서 학교 방송부 역할도 많이 줄어들었다. 방송부 아이들은 영상을 만들어본 경험이 없었고, 방송부에 들어온 것도 방송을 하고 싶어서라기보다는 조용한 방송실이 수다 떨기 좋아서인 것 같았다. 그렇다고 같은 방송부원들끼리 사이가 좋은 것도 아니어서 틈만 나면 나에게 와서 이래서 문제고 저래서 문제라는 식의 하소연을 해대곤 했다. 난 이런 분위기에 변화를 주고 싶었다. 우선 아이들이 방송부원에 걸맞은 역량을 가지길 바랐다. 그래서 아이들에게 다양한 활동을 과제로 제시했는데, 시작과 동시에 보기 좋게 실패했다. 아무것도 하기 싫어서 방송실에 숨어 쉬고 있는 학생들한테 뭘 하라고 하니 당연한 결과였다. 그래서 생각을 바꿨다. '시킬 게 아니라 같이 만들어야겠다.'

왜 열광할까

처음엔 뭘 만들까? 생각하다가, 우리가 공익적인 역할을 하는 방송부이니 공익광고를 만들어보면 좋겠다는 생각이 들었다. 아이들에게 의견을 물어보니 싫지는 않은 표정이었다. 그렇다고 신나하지도 않았다. 회의는 최소화하고 바로 촬영에 들어갔다. 지금 학생들에게 필요한건 재미였으니깐. 학교에서 카메라를 들고 방송부원이 돌아다니니 다른 학생들이 관심을 가지기 시작했다.

당시 우리는 실내에서 뛰지 말고 걷자는 취지의 공익광고를 만들고 있었는데, 나는 학생들이 분별없이 마구 뛰어다녀서 문제가 생기는 장면을 코믹하게 연출하고 싶었다. 그래서 아이들에게 마구 달리는 연기를 시켰더니 이 말이 정말인가 싶은 듯 서로의 얼굴을 쳐다보고는 갑자기 흥분해서 달리기 시작했다. 뛰어다닌다고 혼나기만 하던 아이들이 마구 달리라는 주문을 받자 신난 것이다. 복도에서 달리고 강당에서 달리고 계단에서 달리고, 그렇게 아이들은 계속 달렸다. 너무 흥분해서 진정시켜가면서 진행하기는 했지만, 그때 한 여학생이 달리다가 실제로 기둥에 부딪혀서 이마에 큰 멍이 생겼다. 그런데도 그 여학생은 계속 촬영을 하고 싶다고 했다.

그때 알았다. 아이나 어른이나 규율을 지켜야 한다는 것에 스트레스 깨나 받고 산다는 것을. 아이들이 좋아하는 게 또 하나 있다. 바로 어른 역할이다. 학생들의 눈에 어른은 뭐든지 마음대로 해도 되는 사람이기 때문이다.

영상 만드는 게 재미있다고 소문이 나는 데는 오래 걸리지 않았다. 우리가 영상을 만드는 과정 자체가 꽤 시끌벅적했고, 제작이 끝나고 나서는 각 반에 영상을 공유해서 다른 학생들도 모두 보았다. 이후 눈빛이 이전과는 180도로 달라진 방송부 학생들과 다양한 영상 제작의 여정이 이어졌다. 다른 학생들에게도 영향이 있었다. 당시에 나는 영어교과를 담당하고 있었는데 수업 시간에 엎드려 있거나 표정이 늘 안

좋던 부적응 친구들이 점심 시간에 내 주변을 기웃거리며 이것저것 물어보기 시작했다. 다음 촬영은 언제 하는지 묻기도 하고 수업 시간에 해맑은 미소를 보여주기도 했다.

왜 책임감이 생길까

공동창작과정에서 시간 엄수는 필수이고 기본이다. 하지만 촬영 초기에는 이런 기본이 지켜지지 않았다. 해결책은 간단했다. 약속보다 늦게 왔다고 혼내거나 벌하지는 않지만 시간을 지키지 않는 친구는 그 프로젝트가 끝날 때까지 참여하지 않는 걸로 규칙을 정했다. 아무리 애원해도 다른 학생이 모두 동의해주지 않으면 참여시키지 않았다. 그러자 각종 이유를 대던 학생들 행동이 달라졌다. 아이들은 자기가 동의한 규칙은 최선을 다해 지키더라.

왜 서로 격려하게 될까

아이들과 같이 지내면서 경험하는 아름다운 광경 중 하나는 아이들이 서로를 격려한다는 것이다. 공동창작을 하면서 우리는 하나의 목표를 가지고 작업한다. 이때 서로의 노력으로 작업물의 질이 좋아지는 것을 경험하면 학생들 사이에 유대감이 생기기 시작한다. 아이들은 촬영 때마다 다양한 역할을 맡는다. 배우를 했던 친구가 촬영을 맡기도 하고, 녹음 담당이던 친구가 배우가 되기도 한다. 시간이 조금 지나면 학생들은 친구들의 실수에 너그러워지고, 서로 배려하게 된다. 촬영하는 순간 얼어버린 연기자 학생의 입장에 공감하고 진심 어린 응원과 격려를 한다. 본인도 그 역할을 해봤을 때 쉽지 않았다는 것을 느꼈기 때문이다.

무엇보다 학생들에게는 학교에서 촬영하는 것이 재미있는 놀이인데, 놀이라는 건 여럿이 할수록 재밌는 법이다.

저학년부터 고학년까지 공동창작

배우, 선생님, 작가, 학생들이 공동창작

스토리보드 기법을 활용한 저학년용 그림 이야기 만들기

저학년 학생은 자신이 아는 것, 경험한 것을 이야기하기를 좋아한다. 이러한 발달단계상의 특성을 활용해 직접 겪은 일을 이미지화하는 활동을 계획해보았다. 아이들에게 겪은 일을 그림으로 그려보라고 하면 한 장의 그림으로 표현하기 마련인데 이를 둘로 나누어 표현해보게 하는 것이 포인트다.

활동 주제	그림으로 이야기하기			차시	1, 2차시
본시 주제	두 장으로 이루어진 그림일기				
학습 목표	1. 두 개의 그림으로 이루어진 그림일기를 만들어본다. 2. 선택된 두 개의 그림이 이야기 내용을 잘 보여주도록 한다.				
학습 자료	도화지, 색연필				
단계	학습 내용	교수-학습 활동		시간 (분)	학습 자료 및 유의점
		교사	학생		
도입	그림 두 개로 이루어진 그림일기에 대한 설명	-초등학교 저학년에서 사용됐던 그림일기 형태를 두 개의 그림이 있는 일기로 확장하는 방법을 설명한다.	-두 컷 그림일기를 만들 내용을 정한다.	10	
전개	이야기 속에서 중요하다고 생각하는 두가지를 정하여 그린다	-학생들이 정한 이야기를 발표하게 한다. "지난주에 가장 즐거웠던 일은 무엇이었나요?" -이야기 속에서 시작과 끝을 구분할 수 있도록 한다. -정해진 두 개의 그림을 그린다.	-가장 인상 깊었던 이야기를 정한다. -일기 속에 담을 이야기 중 가장 극적인 상황을 그린다. -이야기 내용을 살릴 수 있는 인물과 대상이 포함된 그림을 그린다. -그림은 도화지 앞면에 그리고 그림의 내용은 도화지 뒷면에 쓴다.	50	도화지, 색연필

정리	완성된 그림 일기를 발표한다. 다음 차시 예고	–그림을 먼저 보여준 뒤 나머지 학생들이 그림이 말하려는 이야기를 짐작할 수 있는 시간을 준 뒤 발표하도록 한다. – 다음 차시 설명 – 네 컷 그림일기 그리기	– 자신의 일기와 다른 학생의 그림일기를 비교해 본다.	20	

이찬복, 「초 · 중 · 고 과정의 영화 제작 교육 효과에 관한 연구」, 한국영화학회, 2005.

두 컷으로 이야기를 나누어보는 것만으로도 아이들은 재미를 느낀다. 이것이 익숙해지면 짝 활동으로 넘어간다. 한 사람이 말로 이야기하면 들은 쪽이 그림으로 그려준다. 잘 말하고 잘 들으면서 서로의 상상력을 자극하고 그 결과물을 공유하는 모든 과정이 즐겁게 이루어진다.

스토리보드 기법을 활용한 고학년용 그림 이야기 만들기

초등 고학년의 경우 여학생은 친구관계에, 남학생은 판타지에 관심을 갖는 경향이 나타난다. 사진을 찍거나 붙여서 이미지를 만들어보는 활동은 이러한 욕구를 쉽게 표출할 수 있는 방법 중 하나다. 진로, 이성, 학업 등 다양한 문제를 안고 있는 중고등학생들도 자기 이야기를 표현할 기회를 주고 방법을 안내해주면 놀라운 결과물을 보여준다. 차시가 거듭될 때마다 컷의 개수를 늘이고 학생들의 호응이나 역량을 고려하여 사진에서 영상으로 전환하는 시기를 가늠한다.

활동 주제	5컷 이야기 만들기			차시	5, 6/ 6
본시 주제	5컷 사진으로 이야기 만들기				
학습 목표	모둠별로 5컷 사진으로 이야기를 만들 수 있다.				
학습 자료	도화지, 색연필				

단계	학습 내용	교수-학습 활동		시간 (분)	학습 자료 및 유의점
		교사	학생		
도입	세 가지 영화 포스터 보여주기	−한 장의 사진을 보고 어떤 내용일지 질문하기 −실제 어떤 내용인지 로그라인(한 줄 요약 이야기) 보여주기	−포스터를 보고 어떤 내용일지 상상하기 −한 문장으로 표현하기	10	
전개	−캐릭터 및 상황 설정하기 −로그라인 만들기 −모둠별 촬영 및 편집	−등장인물, 장소를 포스트잇에 쓴다. −어떤 여정의 이야기인지 포스트잇에 쓴다. −보드에 붙이고 카테고리화한다. −다음의 순서로 진행한다. 1. 감독, 촬영, 배우 정하기 2. 촬영하기 3. 스마트폰으로 편집 4. 각 역할별 이름 넣어 크레딧 만들기	−등장인물, 장소를 쓴다. −등장인물 장소를 바탕으로 어떤 이야기일지 포스트잇에 쓴다. −포스트잇을 조합하여 이야기를 만든다. −모둠별로 어떤 장면을 담을지 5컷으로 그린다. −교사의 안내에 따라 촬영 및 편집을 진행한다.		−등장인물, 장소를 정할 때 수업시간에 바로 촬영할 수 있는 인물과 장소를 설정하게 한다. −포스트잇 내용을 서로 조합할 수도 있다. −학생 각자가 꼭 역할을 맡을 수 있도록 한다. −스마트폰으로 촬영 및 편집할 수 있도록 한다.
정리	−시사회 하기 −느낀 점 나누기 −다음 차시 예고	−시사회 하기 −공동창작을 하면서 느낀 점 이야기하기 −다음 차시 예고 (5컷 영상 만들기)	−시사회 소감 나누기 −활동하면서 느꼈던 점 나누기	20	

영화 동아리 운영하기

위의 사례처럼 학급 단위에서는 글쓰기와 사진 촬영 정도로도 다양한 활동을 해볼 수 있다. 하지만 영화 제작은 시간이 훨씬 많이 걸리고 전문성도 요구된다. 학교 단위 동아리로 운영하며 기간을 길게 잡고 꾸준히 해나가야 한다. 처음에는 동아리원을 어떻게 모을지, 학년별 하교 시간이 다른 경우 어떻게 해야 할지 모든 게 어려울 수 있다. 운영에 도움이 되는 방법을 몇 가지 정리해보았다.

1. 동아리 예산: 학교에 동아리 운영비로 책정된 예산이 있는지 알아본다. 각 시도 교육청별로 학생이 운영하는 동아리에 대한 지원 예산이 있다. 간식, 슬레이트, 콘티보드 등 영화 동아리 운영에 필요한 물품을 구입하는 데 쓸 수 있다.

2. 지역 자원 활용: 지역에 따라 다르긴 하지만 지역의 시청자미디어센터와 영화진흥위원회 등을 통해 강사를 지원받을 수 있다. 영화진흥위원회에서 진행하는 영화 관련 사업에 선정된 학교의 경우 강사를 파견해준다. 전문 강사와 함께 교육과정을 구성하면 교사와 학생이 영화 제작에 대한 막연한 부담을 덜고 구체적인 도움을 받을 수 있다.

3. 학생 모집과 운영: 평소 영화나 영상물 제작에 관심을 보이는 학생들을 기억해두었다가 평소에 동아리 설립에 대한 의견을 나눠본다.

이미 동아리가 있는 경우에는 학생들과
의논하여 포스터, 영상, 피켓 등 다양한
방식의 홍보를 진행해 동아리원을 모집
한다. 동아리가 구성된 후에는 모임 시
간을 정하는데, 아침 시간을 활용하는
것도 효율적이다. 대부분 다양한 방과
후 프로그램이나 학원 등의 일정이 잡

혀 있기 마련이다. 나는 아침에 정기적인 모임을 갖고, 촬영이 있을
때는 오후에 추가 일정을 잡아서 진행했다.

4. 운영 계획: 계획은 연초에 기획하는 것이 좋지만 2학기 때 새롭
게 시작해도 된다. 그런데 학생들에게 꼭 공지해야 할 것이 한 가
지 있다. 시사회가 있을 예정이라는 것을 꼭 알려주어야 한다. 함
께 만들 작품이 공식적으로 공개된다는 사실이 매우 중요하다. 소
규모 동아리에서 친한 구성원들끼리 만들고 끝낸다는 느낌을 주면
이는 학생들의 참여 태도에 바로 영향을 준다. 불특정 다수에게 공
개한다는 것은 학생들에게 좀더 적극성을 부여해준다. 작품 공개
를 좋아하는 학생도 있고 부끄럽게 생각하는 학생도 있다. 작품 시
사를 반기는 학생들에게는 바로 진행할 수 있도록 장비며 행정지
원을 도와주고 부끄러워하는 학생들에게는 부끄러운 감정을 느끼
게 하는 지점을 없애거나 최소화하는 방법을 찾아야 한다. 예를 들
어 자기 얼굴 나오는 것이 부담스럽다면 인형을 통해 의인화하거
나 목소리만 출연할 수도 있고, 목소리조차 부담스럽다면 시나리

오, 미술, 연출부 등에서 역할을 맡게 안내한다.

  그래도 막막하다면, 다음의 60차시 동아리 계획서를 참고하면 도움
이 될 것이다.

영화 수업 계획하기

〔영화 수업(영화는 내 친구, 영상으로 표현해요, 영화를 만들어요)〕
• 교육목표
· (1, 2학년) 미디어와 영화에 관심을 가지며 영화와 친숙해지기
· (3, 4학년) 영화의 원리를 이해하고 다양한 방법으로 영상을 표현하
  는 능력 기르기
· (5, 6학년) 영상 표현활동으로 표현 능력과 자신감 기르기
· (중고등부) 표현하고자 하는 영상으로 시각화하여 세상과 교류하는
  방법 기르기

• 교육방향
· 카메라는 내 친구(1, 2학년): 저학년의 특성상 이론 수업보다는 놀이
  와 활동 위주의 수업을 진행하며 '카메라는 내 친구'라는 주제로 교
  과서 속 이야기를 애니메이션으로 표현한 뒤 직접 연기하여 영상을
  만들어본다.
· 영상으로 표현해요(3, 4학년): 중학년의 특성상 활동과 이론을 적절
  히 섞어서 '영상으로 표현해요'라는 주제로 애니메이션 제작 원리

와 기초적인 영상 표현 방법을 익히고 자신이 쓴 일기를 바탕으로 시나리오를 작성하여 영화를 제작해본다.

· 레디, 액션!(5, 6학년): 꿈이라는 주제를 사용하여 단편영화를 제작, 발표하는 것을 목표로 영상 표현 방법 익히기(카메라 쇼트, 사이즈, 앵글, 촬영 등), 시나리오의 형식 알고 시나리오 쓰기, 영상 제작과정 알기, 모둠별로 단편영화 기획·촬영·편집해서 발표.

• 추진시기 : 2000. 00. 00. ~ 2000. 00. 00.

• 교육방법
· 창의적 체험활동 시간을 활용해서 학년군별로 연간 60시간 교사·강사 협력 수업으로 진행한다.
· 1, 2학년의 경우 다양한 놀이와 활동을 통해 영화의 원리를 깨우치고 이해하는 능력을 기를 수 있도록, 3, 4학년의 경우 기초적인 영상 표현 방법을 배우고 익혀서 간단하게 영상으로 표현하는 방법을 익힐 수 있도록 교육한다. 5, 6학년의 경우 다양한 영상 표현 방법을 배우고 익힐 수 있도록 지도하며, 단편영화 제작과정을 통해 보람과 성취감을 맛볼 수 있도록 한다.

회	학년	시수	프로그램명	교육 내용
1	1, 2	2	카메라는 내 친구	또래 영화 감상하고 장단점 찾아보기 -1년간의 수업 소개 -강사 소개 및 오리엔테이션
	3, 4	2	영상으로 표현해요	또래 영화 감상하고 장단점 찾아보기 -1년간의 수업 소개 -강사 소개 및 오리엔테이션
	5, 6	2	레디 액션!	또래 영화 감상하고 장단점 찾아보기 -1년간의 수업 소개 -강사 소개 및 오리엔테이션
2	1, 2	2	카메라는 내 친구	나만의 프레임을 만들자. -프레임을 이용해서 나의 신체를 찍어보자. -사진을 보면서 누군지 맞추는 게임을 진행하자
	3, 4	2	영상으로 표현해요	프레임을 만들어 자기소개하기 -나만의 프레임을 만든다 -얼굴 사진을 찍는다. -사진을 함께 감상한다
	5, 6	2	레디 액션!	프레임을 만들어 자기소개하기 -나만의 프레임을 만든다 -얼굴 사진을 찍는다. -사진을 함께 감상한다.
3	1, 2	2	카메라는 내 친구	교과서로 애니메이션 만들기① -이야기를 정해서 인물 분석을 한다. -발표한다. -팀을 구성한다.
	3, 4	2	영상으로 표현해요	내 일기 영화로 만들기① -학교에서 있었던 재미있었던 일을 발표한다. -그중 투표를 통해 이야기를 정한다.
	5, 6	2	레디 액션!	영화를 만드는 사람들 -다양한 직업의 세계에 대해 알아본다.
4	1, 2	2	카메라는 내 친구	교과서로 애니메이션 만들기② -캐릭터를 그리고 오린다. -연기하기 편하게 캐릭터 아래에 젓가락을 붙인다. -배경을 그린다.
	3, 4	2	영상으로 표현해요	내 일기가 영화로 만들기② -시나리오 형식에 대해 알아본다. -이야기를 시나리오로 바꿔보자.
	5, 6	2	레디 액션!	영화의 제작과정 -영화 메이킹필름을 통해 영화의 제작과정을 알아보자.

5	1, 2	2	카메라는 내 친구	교과서로 애니메이션 만들기③ -갤럭시탭을 이용해서 촬영한다. -이때 목소리 녹음도 함께 진행한다.
	3, 4	2	영상으로 표현해요	내 일기가 영화로 만들어진다③ -콘티가 무엇인지 알아보고 컷을 나눈 뒤 콘티를 그린다.
	5, 6	2	레디 액션!	영화 소재 찾기, 캐릭터 찾기
6	1, 2	2	카메라는 내 친구	교과서로 애니메이션 만들기④ -갤럭시탭을 이용해서 촬영을 한다. -이때 목소리 녹음도 함께 진행한다.
	3, 4	2	영상으로 표현해요	내 일기가 영화로 만들어진다④ -역할을 정하고 필요한 소품을 정하자. -리허설을 진행한다.
	5, 6	2	레디 액션!	이야기 만들기
7	1, 2	2	카메라는 내 친구	교과서로 애니메이션 만들기⑤ -촬영한 영상을 편집한다. -전체영상 감상 후 OK만 순서대로 배열한다.
	3, 4	2	영상으로 표현해요	내 일기가 영화로 만들어진다⑤ -촬영하기
	5, 6	2	레디 액션!	촬영 및 편집
8	1, 2	2	카메라는 내 친구	교과서로 애니메이션 만들기⑥ -스마트폰 영상편집기로 제목과 -제작진 만들기를 배운다. -영상을 순서대로 불러온 후, 제목과 제작진을 넣 고 편집을 마무리한다.
	3, 4	2	영상으로 표현해요	내 일기가 영화로 만들어진다⑥ -촬영하기
	5, 6	2	레디 액션!	촬영 계획 세우기, 콘티, 숏 리스트 만들기
9	1, 2	2	카메라는 내 친구	소품을 이용한 트릭 영상 찍기
	3, 4	2	영상으로 표현해요	내 일기가 영화로 만들어진다⑦ -촬영하기
	5, 6	2	레디 액션!	촬영 및 편집하기

10	1, 2	2	카메라는 내 친구	영상언어① -촬영을 위한 바른 자세 -숏 사이즈를 활용한 촬영법 익히기
	3, 4	2	영상으로 표현해요	내 일기 영화로 만들기⑧ -전체 감상 후 OK컷을 모으자.
	5, 6	2	레디 액션!	편집하기, 토의하기
11	1, 2	2	카메라는 내 친구	영상언어② -다양한 앵글 익히기
	3, 4	2	영상으로 표현해요	내 일기 영화로 만들기⑨ -무비메이커를 사용하여 제목과 제작진을 만들어 영상을 완성한다.
	5, 6	2	레디 액션!	보충 촬영 및 편집하기
12	1, 2	2	카메라는 내 친구	카메라와 친해지기① -감정의 종류를 알아보자. -다양한 상황에 감정을 담아 표정연기를 한다.
	3, 4	2	영상으로 표현해요	영상언어① -촬영을 위한 바른 자세 -숏 사이즈를 활용한 촬영법 익히기
	5, 6	2	레디 액션!	함께 작품 감상하기
13	1, 2	2	카메라는 내 친구	카메라와 친해지기② -앱을 사용해서 사진을 찍어보자.
	3, 4	2	영상으로 표현해요	영상언어② -다양한 앵글 익히기
	5, 6	2	레디 액션!	제작과정에 대한 자신의 경험담 나누기. -각 파트에 필요한 영역을 기르는 부분에 대해서 이야기 나누기.
14	1, 2	2	카메라는 내 친구	교과서 레디액션① -교과서 속 이야기 중 하나를 선택하여 이야기를 시나리오 형식으로 바꿔보자.
	3, 4	2	영상으로 표현해요	일기장 레디액션① -일기를 발표하고 그중 하나를 선정하자.
	5, 6	2	레디 액션!	창의로운 글쓰기 [초등학생이 좋아하는 글쓰기 소재365] 책을 참고 하여 여러 가지 창의적인 글을 써서 발표하자.

15	1, 2	2	카메라는 내 친구	교과서 레디액션② −컷을 나누고 콘티를 그려보자.
	3, 4	2	영상으로 표현해요	일기장 레디액션② −일기 속 상황을 시나리오로 만들어보자.
	5, 6	2	레디 액션!	단편영화 만들기① −이야기 만들고 발표하기 −시나리오의 형식에 맞춰 글을 작성하기
16	1, 2	2	카메라는 내 친구	교과서 레디액션③ −소품을 만들어보자.
	3, 4	2	영상으로 표현해요	일기장 레디액션③ −시나리오에 컷을 나누고 콘티를 그리자.
	5, 6	2	레디 액션!	단편영화 만들기② −컷을 나누고 콘티 그리기
17	1, 2	2	카메라는 내 친구	교과서 레디액션④ −오디션을 통해 역할을 정한다.
	3, 4	2	영상으로 표현해요	일기장 레디액션④ −역할을 정하고 대본 리딩을 한다.
	5, 6	2	레디 액션!	단편영화 만들기③ −소품 준비하기, 역할 정하기
18	1, 2	2	카메라는 내 친구	교과서 레디액션⑤ −리허설 후 촬영
	3, 4	2	영상으로 표현해요	일기장 레디액션⑤ −촬영하기
	5, 6	2	레디 액션!	리허설 −촬영하기
19	1, 2	2	카메라는 내 친구	교과서 레디액션② −촬영하기
	3, 4	2	영상으로 표현해요	일기장 레디액션⑥ −촬영하기
	5, 6	2	레디 액션!	−촬영하기
20	1, 2	2	카메라는 내 친구	교과서 레디액션③ −촬영하기
	3, 4	2	영상으로 표현해요	일기장 레디액션⑦ −촬영하기
	5, 6	2	레디 액션!	촬영하기

21	1, 2	2	카메라는 내 친구	교과서 레디액션④ – 촬영하기
	3, 4	2	영상으로 표현해요	일기장 레디액션⑧ –전체 감상 후 ok만 모으자.
	5, 6	2	레디 액션!	편집하기
22	1, 2	2	카메라는 내 친구	교과서 레디액션⑤ –전체감상 후 OK컷만 모으자.
	3, 4	2	영상으로 표현해요	일기장 레디액션⑨ –컷의 길이를 조절하고 잡음을 없앤다. –음악을 선정한다.
	5, 6	2	꿈모아 영화드림	편집하기
23	1, 2	2	카메라는 내 친구	교과서 레디액션⑥ –컷의 길이를 조절한다.
	3, 4	2	영상으로 표현해요	일기장 레디액션⑩ –제목과 제작진을 만든다. –음악을 넣는다.
	5, 6	2	레디 액션!	편집하기
24	1, 2	2	카메라는 내 친구	교과서 레디액션⑦ –제목과 제작진을 만든다.
	3, 4	2	영상으로 표현해요	나도 폴리 아티스트! –특수 효과음 만들기
	5, 6	2	레디 액션!	포스터 만들기
25	1, 2	2	카메라는 내 친구	할로윈 특집 특수분장의 세계
	3, 4	2	영상으로 표현해요	할로윈 특집 특수분장의 세계
	5, 6	2	레디 액션!	굿즈 만들기
26	1, 2	2	카메라는 내 친구	교과서 레디액션⑧ –음악 투표 후 음악을 넣고 완성한다.
	3, 4	2	영상으로 표현해요	잔상장난감 만들기 –영화의 원리 이해하기
	5, 6	2	레디 액션!	영화 홍보영상을 만들기

27	1, 2	2	카메라는 내 친구	우리 영화의 예고편을 만들어본다.
	3, 4	2	영상으로 표현해요	우리 영화의 예고편을 만들어본다.
	5, 6	2	레디 액션!	스톱모션 애니메이션 만들기② —촬영하기
28	1, 2	2	카메라는 내 친구	영화 포스터 그리기
	3, 4	2	영상으로 표현해요	영화 포스터 그리기
	5, 6	2	레디 액션!	각종 플랫폼에 영화 홍보하기
29	1, 2	2	카메라는 내 친구	시사회 준비하기
	3, 4	2	영상으로 표현해요	시사회 준비하기
	5, 6	2	레디 액션!	시사회 준비하기
30	1, 2	2	카메라는 내 친구	우리만의 영화 시사회
	3, 4	2	영상으로 표현해요	우리만의 영화 시사회
	5, 6	2	레디 액션!	우리만의 영화 시사회

※ 구체적인 교육 내용은 교·강사 협의를 통해 일부 수정해서 운영할 수 있습니다.
제공: 예술꽃씨앗학교 교사 고장섭

영화 제작 지도하기

학생들과 동아리 설립 및 운영 계획을 세우고 동아리원 모집도 하고, 이제 본격적으로 영화 제작에 들어가면 되는데 그래도 뭔가 불안해서 이런 질문이 나온다. "저는 한 번도 영화 제작을 지도해본 적이 없걸랑요?" '학생에게 영화 제작을 지도하는 법'이라는 책이 나와 있는 것도 아니고, 따로 전해오는 이론이나 비술이 있는 것도 아니어서, 경험담을 전하는 것밖에는 방법이 없을 것 같다.

1. 촬영 전 마음 점검: 꼭 완성한다 & 그럴 수도 있지

촬영 전 준비로 가장 중요한 것은 무엇일까? 연기를 맡은 학생 배우의 연기력일까? 멋진 촬영 장소일까? 카메라 다루는 실력이나 미술이나 소품 등에 대한 안목과 픽업력일까? 혹은 참을성일까. 내 생각엔 끝까지 완성하겠다는 다짐이 몹시 중요하고, 그 못지않게 융통성이 필수 덕목이다. 반드시 완성하겠다는 결심은 불변이지만 '이렇게도 될 수 있고 저렇게도 될 수 있다'는 유연한 마음가짐이 있고 없고는 현장의 분위기를 바꾸고 동아리의 생사를 가를 만큼 결정적이다.

촬영 현장에는 여러 변수가 생기기 마련이다. 갑작스런 학교 일정으로 시간이 부족해진다거나, 주연배우 한 명이 갑자기 개인 사정이 생겨 촬영 공백이 생길 수도 있다. 장비가 기대하는 효과를 못 내는데 이유를 알 수 없는 경우도 있으며 약속한 물품이 제때 마련되지 않기도 한다. 이렇게 예측 못한 상황이 펼쳐질 때는 그 상황을 오히려 역이용하여 다른 즉흥적인 아이디어를 꺼내는 것도 좋다. 기발한 융통성을 발휘해 분위기를 유쾌하게 역전시킬 수도 있다.

어찌 됐든 정해진 분량의 촬영을 끝내도록 하는 것이 바람직하다. 시간을 쪼개서 하는 활동에 지나치게 많은 에너지가 소요되고, 일정이 지체된 탓을 누군가에게 돌리며 구성원 간에 감정이 상하고 사이가 나빠진다면 한두 번은 몰라도 계속해나가는 데는 무리가 따르기 마련이다.

2. 팀 구성 요령: 무임승차 또는 봉 방지

네 명에서 여섯 명 정도로 한 팀을 구성한다. 각자 특성과 희망에 따라 역할을 나눈다. 기본적인 구성은 배우, 카메라, 편집, 연출이다. 카메라를 두려워하지 않고 사람들에게 관심 받는 것을 좋아하는 학생은 당연히 배우가 적격이다. 기계를 잘 다루는 친구에게 카메라를 맡기고 평소 유튜브를 즐겨 보는 친구에게 편집을 맡긴다. 영상을 많이 본 사람이 편집 포인트도 잘 잡을 가능성이 높다. 연출은 시나리오를 쓴 친구가 맡는다. 한 팀에 다른 적성과 역량을 지닌 아이들이 골고루 섞는 것은 쉽지 않은 일이다. 단순하게는 소극적 성향의 아이들과 적극적 성향의 아이들을 섞는다는 기준으로 구성하는 것도 방법이다. 팀 분위기가 균형을 이루면서 자연스럽게 화기애애해진다.

다른 친구들이 하는 것을 구경만 하는 '무임승차'나 한 명이 너무 많은 과업을 하는 '봉'이 나타나지 않도록 구성원들의 기여도에 대해 모둠별 질문지를 만들어놓으면 진행이 보다 원활해진다.

3. 촬영 준비물: 스마트폰, 삼각대, 마스킹테이프(없으면 포스트잇)

휴대용 카메라   삼각대   마스킹테이프

① 휴대용 카메라: 가능하다면 캠코더 혹은 DSLR을 사용해도 좋다. 스마트폰을 사용할 경우 촬영 중 전화가 울리거나 알림이 들어오지 않도록 비행기모드로 바꾸고 배터리와 저장 용량이 충분한지 확인한다.

② 삼각대: 패닝(좌우), 틸팅(위, 아래)을 할 수 있게 손잡이가 달려 있는 것이어야 한다. 부드러운 촬영이 될 수 있게 가능하면 유압식 볼헤드가 장착되어 있는 삼각대로 준비한다.

③ 마스킹테이프: 시중에 나와 있는 마스킹테이프를 구하면 되는데 없는 경우 포스트잇도 무방하다. 화면에 잡히는 배우의 동선 범위를 바닥에 테이프로 표시해두어 연출 의도대로 배우가 프레임 안에서 움직일 수 있도록 도와준다.

4. 촬영 연습하기

영상언어를 명확히 익히기 위한 촬영 실습은 아주 단순한 시퀀스(이야기)로 진행하는 것이 좋다. 숏의 기능으로 스토리텔링하는 기법을 집중 연습한다. 예를 들어 '학생 A가 학생 B로부터 쪽지를 건네받는다'라는 장면을 다양한 숏으로 연출해볼 수 있다. 연출 의도에 따라서 가감, 변형하여 장면을 구성한다. 필요 인원은 배우 2인, 촬영 1인, 연출 1인.

1) 롱숏(L.S) : 전체적인 상황이나 시공간을 보여주는 숏

| 롱숏 촬영 | 마스킹테이프 붙이기 | 촬영된 롱숏 |

현재 사건이 일어나는 장소를 보여주기 위해 롱숏을 사용한다. 장소는 복도다. 복도는 학교 안에서 공간감을 가장 잘 표현할 수 있는 공간 중 하나이다. 배우 학생이 걸어온다. 연출하는 학생이 보기에 학생의 움직임이 마음에 들지 않으면 배우에게 다시 걸어오라고 지시한다. 처음 걸어온 경로 그대로 걸어오게 하기 위해서 마스킹테이프를 사용한다. 마스킹테이프는 다른 테이프에 비해 쉽게 붙였다 뗄 수 있고 자국이 남지 않아 효과적이다. 조연출을 맡은 학생이 있다면 조연출이, 없다면 연출이 이 일을 담당한다.

2) 풀숏(F.S) : 사람을 머리부터 발끝까지 꽉 차게 잡는 숏

화면에서 피사체의 크기가 달라질 경우에는 각도를 최소 30도 이상 바꿔주는 것이 화면이 튀는 것을 방지하는 차원에서 좋다. 이를 영상언어로는 '점프 컷'이라고 하는데 유튜브 영상이나 공포영화에서 흔히 사용되는 기법 중 하나다. 공포영화에서 귀신이 갑자기 확 다가오는 장면을 보며 무서워했던 기억이 있다. 이렇게 의도가 있는 점프 컷이라면 상관없지만 숏과 숏의 연결이 자연스럽지 않게 되므로 각도를 바꿔줌으로써 해결한다.

3) 미디엄숏(M.S) : 머리부터 허리까지 꽉 차게 잡는 숏

배우2가 나타나 쪽지를 전한다. 두 배우의 얼굴과 행동을 함께 보여주기 위해 미디엄숏을 사용했다. 리허설을 1회 해본 뒤 촬영한다. 촬영후 원하는 결과가 나왔는지 카메라 담당 학생과 함께 보면서 의논한다.

4) 미디엄 클로즈업숏(M.C.U) 혹은 바스트숏.(B.S.) : 가슴 위에서부터 머리까지 잡는 숏

배우의 표정과 제스처를 자세히 보여주기 위해 설정하는 숏이다. 배우2가 배우1을 쳐다본다. 연출이 디렉션을 할 때 순진한 표정을 지어보라거나, 슬픈 얼굴로 쳐다보라는 식으로 애매하게 말하지 말하면 배우가 어려워한다. 지금 연기하는 인물이 처한 상황을 제시해주는 것이 좋다. "두 사람은 친구 사이인데 네가 친구에게 쪽지를 전해주고 있어. 받는 학생도 주는 학생도 무슨 내용의 쪽지인지 몰라."

5) 오버더숄더숏(O.S) : 한 사람 어깨 너머 다른 사람의 얼굴이 보이게 촬영한 숏

Over the Shoulder Shot. '어깨 너머 숏'이다. 화면 사이즈는 미디엄 클로즈업숏과 비슷하지만 두 사람이 대화 중임을 알 수 있는 숏이다. 반대쪽으로 찍으면 리버스Reverse숏이다. 이때 중요한 점은 카메라가 촬영하는 공간이 180도를 넘어가면 안 된다는 것이다. 가끔 180도 법칙을 어기는 장면이 있기도 하지만 그렇게 해도 흐름상 문제가 없거나 감독이

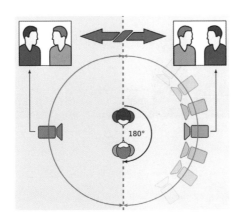

그림에서처럼 카메라 위치가 180도 넘어가면 화면에서
대화하는 두 인물의 위치가 바뀌어 관객에게 혼란을 준다.

의도를 가지고 연출한 경우다. 180도 법칙을 어긴 장면을 촬영했다면 흐름상 문제는 없는지, 어떤 특별한 의도로 그렇게 했는지 질문해보아야 한다.

6) 클로즈업숏(C.U)

카메라를 배우 얼굴 가까이 가져가서 촬영하는 것이 어려울 때 줌 기능으로 화면을 크게 만들기도 한다. 그러나 일반적으로 줌 기능으로 클로즈업숏을 찍는 것은 좋지 않다. 왜냐하면 화질 열화와 더불어 화면 흔들림이 커지기 때문이다. 가까이 갈 수 없는 불가피한 상황이 아니면 클로즈업숏을 찍을 때는 카메라를 가까이 가져다 찍어야 한다. 움직이는 클로즈업숏은 주의가 좀더 많이 필요하다. 배우와 촬영자 간 호흡이 중요하다. 연출은 배우에게 어느 정도 지점에서 움직이고 멈춰야 하는지 시간이 얼마나 걸리는지 말해준다. 카메라로 학생의 반응을 허리에서 시작해서 얼굴까지 담으려고 할 때, 촬영자와 배우 간의 호흡이 안 맞으면 예시 1,2처럼 나올 수 있다.

잘못된 예1   잘못된 예2   잘된 예

7) 인서트숏(Int)

인서트숏은 숏과 숏 사이의 연결숏이다. 피사체의 크기와는 상관없고

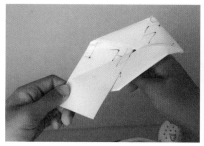 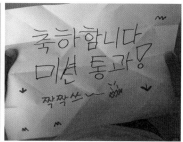

숏과 숏의 자연스러운 연결이나 이야기를 강조하기 위한 삽입 컷이다. 비롤(Broll)과 혼용하여 많이 쓰인다. 쪽지를 받는 씬에서 등장인물이 보는 물건이나 장소, 혹은 관련된 것들을 찍어두면 편집시 인서트 컷으로 활용할 수 있다.

아솔샘의 편집 팁 ① - 녹음

학교 내에서 촬영했다면 주변 사람들 때문에 배경 노이즈가 생각보다 크게 녹음되었을 수 있다. 이 경우 영상과 함께 녹음된 소리를 끄고 공간음(앰비언스, 룸톤)을 녹음하여 영상에 덧씌운다. 그리고 영상을 보면서 다시 대사를 녹음하여 해결한다. 편집한 영상을 좀더 매력적으로 만들고 싶다면 음악을 넣거나 폴리사운드(옷이 스치는 소리, 발자국 소리 등 영화를 실감나게 만들어주는 소리들)를 넣어주면 더욱 효과적인 영상이 된다.

아솔샘의 촬영 팁 ② - 화면 크기

학생들이 편집을 하다가 탄식하면서 다시 촬영해야 한다고 말하는 일이 종종 있다. 화면에 마이크가 나온다거나 촬영을 구경하는 사람이 나온다거나 하는 경우인데 상황이 여의치 않으면 굳이 재촬영 없이 화면 확대로 어느 정도 해결할 수 있다.

그때의 우리를 담은 메이킹필름
/

교사가 왜 학생들과 영화 제작이라는 모험에 나서야 할까? 학생의 성장 디자인에 효과적인 방법이라는 것을 하나의 이유로 꼽을 수 있을 것이다. 작업에 대한 비전을 나누고 공감하며 함께 성장해나가는 것이 영화 제작의 교육적 목적일 것이다. 너무 모호한 말일까? 매 단계 끊임없이 질문하며 다양한 아이디어를 내게 하고, 그때그때 느끼는 감정을 표현하게 하는 것, 이전과 달라진 점을 문득문득 생각하고 이야기하게 하는 것. 나는 학생들이 영화 제작에 도전하는 과정을 통해 본인들의 생각과 행동이 좀더 명확해지고, 표정이 다양해지고, 감정이 풍성해지는 것을 보는 기쁨으로 이 과정을 계속 반복하는지도 모르겠다는 생각을 하곤 한다. 아마 학생들의 내면도 그만큼 성장하지 않았을까? 우리가 어떤 질문을 던지고 어떤 답을 만들어가는가에 따라 성장의 속도와 결이 달라진다고 생각한다. 이러한 내적 성장의 밀도를 최종적으로 체감하게 해주는 것이 바로 BTS(Behind The Scene), 즉 메이킹필름이다. 나는 학생들과의 작업마다 메이킹필름 제작을 빼놓지 않고 챙긴다. 구성원 중 한 명에게 우리가 함께 영화를 만드는 전반적인 과정을 영상으로 기록하는 역할을 맡긴다. 특히 촬영 현장에서 스태프들의 움직임에 집중해서 기록하라고 당부한다. 영화 제작과정이 끝난 후, 완성된 작품을 시사회를 통해 공개하여 함께 보는 것도 기쁘고 뿌듯하지만 그간의 활동 스케치가 담긴 메이킹필름을 보면서 느끼는 벅찬 감동은 말로 표현하기 어려울 정도로 대단하다. 메이킹필름을 보면서 학생들은 자신이 이 작업에 얼마나 몰입했으며 어려움에 부딪힐 때 어떻게 반응했는지, 친구들을 얼마나 배려했는지, 이전의 나와 지금의 내가 어떻게 다른지 생생하게 느낀다. 학생들이 자신의 성장을 객관적으로 볼 수 있는 기회가 되어준다. 학생들은 자신에 대한 안타까움과 뿌듯함이 교차하는 가운데 카메라에 비친 다른 친구들의 모습을 통해서도 많은 것을 느끼게 된다. 이때 주의할 점은 메이킹필름을 보면서 다른 학생에 대한 부정적 견해를 말하는 일은 교사든 학생이든 절대로 하지 말아야 한다는 것이다. 지나간 일에 대해 공개적인 자리에서 비난이나 불평을 듣는 것은 당사자 입장에서는 폭력이며 상처가 될 수 있다.

교사와 학생, 학생과 학생이 서로 강한 연대 속에서 공동의 목표를 가지고 함께 작업하는 과정에서의 성장은 매우 값진 것이다. 학생들은 독립된 인격체로 인정받으면 스스로 알을 깨고 나와 더 높은 성장을 향해 날개를 펼쳐나간다. 학생들과 인격적인 관계 맺음을 통해 영화를 만들어나가는 일은 교사의 산더미 같은 업무 속 또 하나의 업무가 아니라 즐거운 놀이이자 성장의 동력일 것이다.

#2.

영화 제작
방식을 활용한
교육

영어 드라마 촬영 수업

/

  영화학교 다닐 때의 일이었다. 나는 영화연출 전공이었는데 교수님
이 어느 날 과제를 내주었다. 하나의 씬을 설정해서 연출해보는 것이었
다. 내가 배우를 맡았는데 영어 대사를 전부 외워서 감정을 살려 연기해
야 했다. 스크립트 한 장을 손에 들고 종일 입이 닳도록 연습했다. 이튿
날 실제 촬영에서 연기할 때는 너무 긴장해서 엉망이었다. 그런데 그렇
게 한두 번 하다보니 연기가 좋아진 것도 있지만 영어에서 악센트가 달
라지는 것이 분명하게 느껴졌다. 생각하고 단어를 고르고 문장을 만들
어 말하는 것이 아니라 순간마다 저절로 입이 움직였다. 일단 이 상황은
친구들과 함께하니 재미가 있었다. 촬영을 위해 연습하고, 촬영 후 내
연기를 확인하고, 친구나 선생님의 피드백까지 받으니 영어 공부로는

더할 나위 없는 조건이 형성된 셈이다. 그때 나는 느꼈다. '아, 이거로구나. 영화 제작으로 영어를 가르쳐야겠다!'

한국에 돌아와서 아이들에게 이와 비슷한 방식을 곧장 적용해봤다. 예전에는 학생들과 재미있는 영상을 만드는 것에 초점을 두었다면 이제는 아이들이 충분한 연습으로 언어를 자연스럽게 구사하는 데에 포인트를 두어 수업한다. 편집 기법이나 화려한 촬영술은 동아리 활동이나 자율활동 시간에 하는 것이고, 처음 편집 단계에서는 자연스럽게 언어를 구사했는가에 집중한다. 나와 함께 아이들은 이야기를 구현하는 상상 속에 흠뻑 몰입한다. 그러면 방금 가르쳐준 것도 외우기가 어렵다고 투덜대던 아이들이 가르쳐주지도 않은 표현을 묻거나 새로운 표현을 찾아보고 대사에 넣으려고 한다. 교사가 학생에게 간절히 기대하는 자발성이 그렇게 툭 튀어나온다.

영어 드라마 수업은 이렇게

교실에서 아이들과 영어 드라마 활동을 하는 건 그리 어렵지 않다. 준비물은 영어 교과서와 스마트폰으로 충분하다.

1. 우선 단원에 나와 있는 주요 표현들로 시나리오를 만든다. 스토리텔링 형식으로 나와 있는 짧은 문장을 조합하기만 해도 시나리오를 만들 수 있다. 아이들의 수준과 성향에 따라 수정한다.

2. 아이들하고 스크립트 연습을 충분히 한다. 어려운 낱말은 밑줄을 긋고 함께 발음을 연습한다. 말하는 걸 쑥스러워하는 아이들에게는 팀에서 할 수 있는 역할을 부여해준다. 추임새로 들어가는 대사를 넣어 조금이라도 말문이 트이게 해준다.

3. 충분히 연습한 다음에는 모둠별로 촬영한다. 학생들이 주로 사용하는 영상편집 애플리케이션을 활용한다. (개인적으로는 키네마스터가 오류도 적고 직관적이라 사용이 편리했다.) 학생들은 하고 싶은 방식으로 촬영하고 연기할 수 있다. 필요에 따라서는 교실 밖으로 나가기도 하는데 가능하면 교실 안에서 촬영을 마치는 것이 교사가 지도하기에는 좋다. 간혹 소리가 들어간다는 이유로 다른 장소를 찾는 학생들이 있는데 이런 경우 카메라의 음성 녹음 기능을 안내하고 촬영 후 영상에 음성을 입히는 후시녹음 방법을 안내한다. 녹음 시에는 교실과 가까운 복도나 계단을 이용할 수 있다.

1. 스크립트 연습

2. 촬영회의

3. 촬영

3. 촬영

4. 편집

5. 시사회 및 피드백

영어 드라마 수업의 핵심 원리

영어 드라마 수업은 교사가 현장 상황과 여건에 따라 다양한 방법을 찾을 수 있을 것이다. 이 활동에 대한 기대 효과를 누리기 위한 핵심 원리를 놓치지 않고 챙기면 된다.

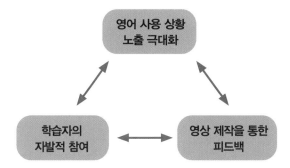

1. 그룹 활동으로 하는 영어 드라마 만들기는 학생이 다양한 아이디어를 떠올리는 계기가 되어준다. 예상하지 못한 실수 등 서로의 경험을 즐겁게 공유하면서 배운다.
2. 학생들은 본인 자신이 아닌 특정 캐릭터가 되어서 연기해야 하기 때문에 영어로 말하기 상황에 계속 노출된다. 어떤 상황에서 어떤 표현이 어떻게 사용되는지 학생 스스로 탐구하게 된다.
3. 영어 드라마 촬영은 그 결과물을 즉각 확인할 수 있다. 촬영과 편집의 제작과정을 직접 경험하면서 그룹 안에서 즉각적인 피드백이 일어난다. 또한 이 자료는 계속 축적된다. 어느 정도 시간이 지나면 자신의 영어 실력이 얼마나 향상되었는지 체감할 수 있다.

영어 드라마 촬영 수업 지도안

일 시	2019. 10.		장 소	영어교실
단원명	8. It's on the desk	대상	4학년	수업자	김아솔
학습 주제	영어 드라마를 만들어 보자			

과 정	활동 내용	준비물 및 유의점

도입
(3')
	◎ Film Making 수업 안내하기
	  – 수업과정 소개
	  – 시나리오 확인 및 역할 나누기
	  – 대본 연습 및 촬영
	  – 편집 및 출력
	  – 시사회(생략 가능)
	◎ 공부할 문제
		※ 준비물: 스마트폰 혹은 태블릿 모둠별 한 대.
		※ 시나리오는 교과서의 단원을 활용하여 교사가 간단하게 제작한다.

전개
(32')
	〈활동1〉 시나리오 및 역할 확인
	  – 교사와 함께 시나리오를 읽는다.
	  – 모둠별 역할을 정한다.
	  – 촬영 방법 선택(사진, 손가락, 연기)
	
	〈활동2〉 대본 연습 및 촬영
	  – 모둠별 대본 연습
	  – 촬영
		※준비물 : 개인별 시나리오 배부.
		※대사를 읽을 때는 단순히 글자를 또박또박 읽지 말고 시나리오상의 캐릭터가 되어서 읽도록 한다.
		※사진: 자신의 모습 혹은 캐릭터 사진을 촬영 후 녹음.
		  손가락 : 손가락으로 캐릭터 표현 및 연기.
		  연기 : 자신의 모습을 연기.
		※ 발음하기 어려운 학생이 있을 경우에는 단순히 가르쳐주지 않고 편안하게 발음할 수 있을 때까지 함께 읽는다.
		※ 여러 장면을 촬영할 경우 시간 활용을 위해 두 번 이상 촬영하지 않도록 한다.
		※ 녹음은 따로 할 수 있다는 것을 안내한다.

전개
(32')
	〈활동3〉 편집 및 출력
	  – 함께 편집하기
	  – 출력하기
	  – 시사회
		※ 한두 명이 편집하되 다른 학생들도 옆에 함께 앉아 편집과정에 참여할 수 있도록 한다.
		※ 시간이 가능한 경우 파일 전송 프로그램 등을 이용해서 시사회를 진행하고 그렇지 않을 경우 유튜브에 올려 개별적으로 볼 수 있도록 한다.
		※ 영어로 카메라 앞에서 촬영하는 것 자체가 의미가 있으므로 지나치게 결과물을 강요하지 않는다.
		※ 시사회는 축제의 느낌으로 재미있게 진행하되 다른 팀의 작품의 좋은 점을 격려할 수 있도록 지도한다. (시간이 부족할 경우 생략 가능)

정리
(5')
	◎ 활동 소감 말하기_인터뷰 영상 촬영
	  – 팀별로 작업했을 때의 차이점 말해보기.
	  – 영어로 영상을 만들면서 배운 점 말해보기.
	  – 어떤 점이 아쉬웠는 지 말해보기.
		※ 모든 불평·불만 사항은 앞으로 더 나아질 과정이라는 것을 인식하도록 하고, 친구의 잘잘못은 지나치게 지적하지 않도록 주의한다.

영어 드라마 스크립트 예시

Maegok Elementary School_Filmmaking Class Lesson8_It's On the Desk	Class Team Name

Script	Rule
Filming Style: 1. Picture 2. Finger 3. Acting 〈Three Little Pigs〉 #Scene1 A wolf visits three little pigs's house. Wolf : Hello, Let's play baseball. Pig1 : (잔뜩 겁을 먹고) Sorry I can't, I'm busy. #Scene2 늑대가 둘째 돼지의 집에 찾아간다. Hello, How are you? Pig2 : (잔뜩 겁을 먹고)Not bad. Wolf: Let's play baskedball Pig2 : Sorry I can't, I'm tired. #Scene3 Wolf : Hello, Let's play baseball. Pig3 : Sounds great. Pig1,2: Oh no!! Pig3 : Don't worry. He is nice. Pig3 : Where is my ball? Pig1 : It's under the chair. Pig3 : Where is my bat? Pig2 : It's in the box. THey play together. 다 함께 즐겁게 야구를 한다.	**진행 순서** 역할을 정합니다. 대본을 함께 읽으면서 연습합니다. 촬영 및 편집을 정합니다. 제한된 시간 내에 교실에서 촬영을 합니다. 녹음은 복도에서 조용히 진행합니다. 친구들과 함께 편집을 합니다. 파일을 출력한 후 선생님께 드립니다. **유의할 점** 1. 시나리오 내용을 수정해도 좋습니다. 2. 모둠원이 한마디씩 꼭 사용해야 합니다. 3. 영어로 말하는게 어려운 친구들이 있습니다. 대사를 줄이고, 읽을 수 있도록 함께 발음을 연습합니다. 3. 소리가 시끄러울 경우에는 음성만 따로 녹음을 하도록 합니다. 4. 같은 장면을 두 번 이상 촬영하지 않습니다. 5. 다양한 크기의 장면을 사용하면 좋습니다. 6. 키네마스터에서 촬영할 경우 취소 버튼을 누르면 영상이 저장되지 않습니다.

Wolf	Pig1	Pig2	Pig3	

교사를 위한 글로벌 단편영화 제작 워크숍

/

　학생들과 영상을 만들며 영어를 가르치는 것은 무척 효과적이었다. 그런데 나도 영어를 더 배우고 싶었다. 영화 제작도 더 배우고 싶었다. 한국에 돌아와 대학원에도 진학했지만 배움과 창작에 대한 욕구가 좀처럼 해소되지 않았다. 그러다 문득 생각했다. 내가 배운 영화 제작과정을 선생님들께 공유하면 어떨까? 영화 제작에 대한 강의가 아니라, 함께 만드는 공동창작을 해보면 어떨까?

　교사들이 모여서 함께 아이템을 찾고 시놉시스-트리트먼트-시나리오까지 발전시켜서 그것을 촬영하고 편집해서 시사회를 여는 것까지 전 과정을 해보고 싶었다. 내가 느낀 짜릿함을 공유하고 함께 새로운 꿈을 꾸고 그 꿈을 학교 현장으로 퍼뜨리는 상상을 했다. 그렇게 머릿속으로만 그림을 그리고 있는데 기회가 왔다. 2020년 1월, 대구에서 선생님들 20여 명을 대상으로 첫 단편영화 제작 연수를 진행하게 된 것이다.

　연수에 참여했던 사오십 대 선생님들은 처음에는 어려워했지만 과정이 진행되어가면서 태도가 점점 적극적으로 바뀌어갔다. 아이디어를 활발하게 내고, 촬영에도 거침이 없었으며, 기숙사로 돌아가서도 촬영을 멈추지 않는 팀도 있었다. 생각만큼 촬영이 되지 않아도 토의를 통해 더 나은 방법을 찾아갔고, 모둠마다 연출 의도에 맞는 숏을 찍는 데 성공했다. 편집 과정에서는 50대 교사와 20대 교사가 다양한 방식으로 소통하면서 한 작품에 함께 매진하는 아름다운 모습을 볼 수 있었다.

　시사회 때 모둠별로 소감을 이야기할 때 느꼈던 감동을 생각하면 지금도 마음이 뜨거워진다. 이 연수에 힘입어 전국 단위의 전국영화교육

연구회에서 주최한 단편영화 제작 워크숍도 진행했다. 캐나다에서 온 촬영감독 데니스, 김포에 근무하는 김석목 선생님과 함께 3박 4일간 워크숍을 진행했다. 강사진뿐만 아니라 참가자에도 외국인이 포함되면서 워크숍 형태에 변화를 주게 되었다. 영화를 만드는 가운데 영어 의사소통을 익히는 장으로 만든 것이다. 처음엔 다들 영어 쓰는 게 어색하고 어려웠지만 막상 작업이 시작되니 마법처럼 활발히 영어로 의견을 나누었다. 제작과정을 하나하나 넘어가는 동안 자연스럽게 모두가 친구가 되었다. 함께 이야기를 만들고, 촬영 계획을 세우고, 소품을 만들고, 촬영하고 편집하고, 시사회까지… 시간이 쏜살처럼 흘러갔다.

첫 단편영화 제작 워크숍의 아름다운 기억은 두 번째 워크숍을 탄생시켰고 두 번째 워크숍에서 받은 힘으로 다시 세 번째 워크숍을 탄생시켰다. 6개월을 준비해서 2020년 8월 보성의 아름다운 절에서 행복한 시간을 가졌다. 주지스님의 따뜻한 배려 속에 여덟 명의 초중등 선생님들이 원어민 교사 두 분과 함께 좋은 숙소에서 건강한 음식을 먹으며 즐겁게 영화를 만들었다. 허지은 영화감독을 초빙한 것은 작품의 완성도를 높이는 데 크게 기여했다.

준비과정에서부터 많이 설레었지만 한편으로는 걱정도 컸다. 과연 잘될까? 막상 시작이 되자 첫날의 어색함은 금세 사라졌고 서로에 대한 유대감과 신뢰 속에 또 한 번 마법이 일어났다. 연수 일정은 오전 9시부터 오후 5시까지로 정해져 있었지만 모두 시나리오를 수정하느라 밤이 깊도록 머리를 맞대었다. 엄마와 함께 온 고등학생 민하는 촬영부터 시사회까지 물품 운반과 장소 정돈 등 궂은일을 도맡아 하면서도 섬세한 예술적 역량을 발휘해 어른들에게 깊은 감동을 주었다. 주지스님을 비

롯해 신도들까지 참석해 축하 공연과 메이킹필름을 함께 감상한 뒤 본
작품을 상영했다. 참 꿈같은 시간이었다.

#3.

미래 핵심 역량과
영화 교육

영화 교육이란?

/

　우리는 영상의 홍수 속에 살고 있다. 공부할 때도, 쉴 때도, 거리를 걸으면서도 영상을 본다. 매일 전 세계에서 영상이 쏟아지는 상황에서 폭력적이고 선정적인 영상이 문제가 되면서 이에 대한 해결책으로 '미디어 리터러시 교육'이 제기된다. 학교에서 할 수 있는 미디어 리터러시 교육의 하나로 '영화 교육'을 들 수 있다.

　영국에서는 영화 교육을 영화에 대해 배우고, 영화를 통해 배우고, 관련 직업에 대해 알아보는 것까지 모두 포함하는 것으로 정의하고 있다. 우리가 살고 있는 21세기의 아이디어와 문화가 어떻게 만들어지고 전달되고 공유되는지를 탐구하고 배우는 것 전체가 영화 교육인 것이다. 영화를 매개로 우리의 삶을 좀더 의미 있는 방향으로 나아가게 도와주는 모든 활동이 영화 교육이다. 여러 연구 결과에서 영화 교육은 문학 영역, 특히 말하기와 쓰기, 듣기 개선에 효과가 있음을 보여준다(대학 영화 교육의 방향성 모색. 2015. 이승환).

프랑스에서는 유치원에서부터 고등학교 3학년까지 의무교육의 전 과정에 '이미지와 영화, 영상기술 교육'을 실시할 것을 명시하고 있다. 프랑스에서는 영화를 산업 혹은 대중예술로 단순하게 간주하는 것이 아니라 예술인 동시에 문화로 받아들여 학교도 교과목 중 하나로 다루며 연령대별로 이미지와 영상을 인지하는 수준에 맞는 다양한 영화를 접할 수 있는 여건을 마련해두었다. 이때 학생들이 접하도록 준비된 영화들은 대중 상업영화가 아니라 소위 예술영화, 다양성영화라고 지칭되는 영화들과 영화의 역사에서 주요하게 언급되는 작품들이다. 초등학교 고학년이나 중학생이 되면 실제 제작을 통한 창작의 기회도 주고 있다.

문화강국에서 활발한 학교 영화 교육은 우리나라에도 도입되었다(2004학년도부터). 하지만 교육현장에서는 아직도 유튜브 영상 교육과 영화제작 교육을 구분하지 못하는 듯하다. 유치원생도 동영상을 찍고 편집해 인터넷에 올리는 시대이니 영화 제작 교육과 영상 제작 교육을 혼동할 만도 하다. 유튜브 같은 채널에 올리는 영상은 개인의 취미나 관심사를 스스로 촬영해 편집하는 콘텐츠다. 영화는 이야기를 담은 시나리오를 기반으로 무엇을, 왜, 어떻게 표현할 것인가를 함께 고민해나가는 과정으로 만들어나가는 공동창작품이다. 따라서 개인의 의견이 더해져 형성된 공동체로서의 사고와 표현이 중요하다. 이러한 영화 제작을 지도하는 교사는 학생들의 친구가 되기도 하고, 격려자, 선장 등 상황에 따라 여러 역할을 하며 교육의 가치를 더한다.

영화 교육과 핵심 역량

/

영화 제작 교육에서 얻을 수 있는 다양한 가치는 학교 교육과정에서 제시하는 핵심 역량과 연결된다. 먼저 영화로 만들 이야기(시나리오)가 있어야 하는데, 그 이야기는 지금 우리 학급에서 중요하다고 생각하는 것을 다루면 참여도를 높일 수 있다. 이 이야기를 영화로 만들기 위해서는 둘 이상의 스태프가 필요하다. 혼자 하는 일이 아니므로 서로 소통하는 능력이 요구된다. 이야기를 영화로 구현하려면 창의적 사고와 예술적 상상력이 필요하다. 마음속에 똬리를 틀고 있는 상상 속의 이미지와 관객에게 전달하고 싶은 메시지를 영화라는 매체에 담기 위해서는 다양한 지식과 기술이 있어야 한다. 앵글에 대한 이해를 비롯해서 연기, 카메라 촬영, 미술, 편집 등 여러 단계에서 분석력과 문제 해결 능력이 요구된다. 영화는 결국 관객에게 어떤 특정한 정서적 감정을 불러일으키는 매체이다. 이 매체를 잘 활용하여 다른 사람에게서 공감을 이끌어내는

교육과정 6가지 역량 vs 영화교과 8가지 역량

교육과정 6가지 핵심역량	영화교과의 8가지 역량
지식정보처리	분석력, 문제 해결 능력
창의적 사고	창의적 사고능력, 예술적 상상력
공동체	협업능력
의사소통	소통능력
심미적 감상	심미적 감성 능력
자기관리	자기관리능력

심미적 감성이 필요하다. 영화는 공동작업이므로 좋은 구성원이 되려면 서로 존중하며 약속 시간을 지키고 자신의 역할을 충실히 감당하는 자기 관리 능력이 있어야 한다. 영화 제작은 모든 과정이 협업이므로 민주적으로 의사를 결정하고 협력하는 법을 배우는 기회를 제공한다.

흔히 영화를 종합예술이라고 말하는 것처럼 여러 요소가 결합된 영화 제작 교육은 학생들에게 필요한 여러 역량을 동시에, 입체적으로 계발하는 장이 되어준다. 일부 학교가 '영화연구학교'라는 이름으로 영화 교육을 진행했지만 일반 학교로는 널리 퍼지지 못했다. 그 이유는 우선 영화 제작을 특수한 분야로 보는 선입견과 고가의 장비에 대한 부담, 공동 창작 경험의 부재로 인한 막연함 등을 들 수 있다.

영화 제작은 어려운 것이 아니다. 영상으로 이야기를 하는 것이다. 이야기는 인류 역사 속에서 이어져온 일이다. 누구나 영상 매체를 활용해 자기 이야기를 할 수 있다. 촬영 및 편집 장비를 마련하는 데 드는 비용이 부담스러울 수 있지만 지금은 스마트폰의 성능으로도 재미있게 영화 제작 과정을 즐길 수 있다. 무엇보다 그렇게 함께 만든 영화는 시간이 지나도 학생들과의 아름다운 추억으로 함께 남아 있다. 그리고 그만큼 성장한 자신을 발견할 수 있을 것 이다.

공동창작이 우리에게 남기는 것들

/

뚜우⋯ 뚜우⋯. 통화연결음이 울린다. 이 책을 다 쓰면 그동안 영화 제작에 함께했던 사람들의 피드백을 받아서 책의 말미에 넣으면 어떨까 생각했다. 그중에서 첫 영화를 함께 찍었던 가현이를 떠올리고 4년 만에 전화를 걸었다. 제자한테 연락하는데 왠지 떨렸다. '나를 기억할까'에서, '우리 영화 찍었던 것은 기억할까'를 거쳐 '날 괜찮은 교사로 기억하고 있을까?' 하는 생각까지 궁금증이 마구 커져갔다. 참, 가현이는 내가 유학가기 전 스마트폰으로 응원 영상을 만들어준 고마운 제자다. 그때 만들어준 영상이 힘들 때 힘이 많이 됐었는데… 이런 생각에 빠져 있는데 마침 가현이가 전화를 받았다. "여보세요."

약간 낮은 톤으로 변했지만 가현이 목소리가 분명했다. 10분가량 통화하며 학교생활과 친구관계 등 꼬치꼬치 안부를 물었다. 그리곤 4년 전 그 당시 우리 반에서 했던 영화 제작 활동이 어땠는지에 대해 물어보았다. 그런데 내 예상과 다르게 가현이는 그때 일을 자세히 기억하고 있지 않았다. '선생님 그때 너무너무 즐거웠어요, 제 인생의 최고의 순간이었어요'라는 반응을 나도 모르게 기대하고 있었던 건 아니었을까?

생각해보면 가현이의 반응은 지극히 정상이다. 아이들에게는 그저 그 순간이 재미있었고, 나 또한 그러길 바랐으면서 지금에 와서야 의미를 부여하려고 노력하는 건 아닐까 하는 생각이 들었다. 그래도 영화를 함께 제작했던 걸 잊지는 않았고 재미있었다고 기억해주니 그것만으로도 고맙다.

보이는 것과 보이지 않는 것

영화를 잘 만들려는 의욕이 가득할 때는 머릿속의 상상이 너무 거대해서 현실에서 벌어지는 일이 잘 보이지 않았다. 머릿속의 상상을 현실로 구현시킬 것만 궁리하고 있기 때문이다. 스토리에 집중하고 연기에 집중하고 카메라 속 프레임만 보고 있었다. 누구를 함부로 대하거나 하진 않았지만 사람을 있는 그대로 보지 못했던 것도 사실이다. 어쨌든 친구들과 함께 뭔가를 만드는 게 마냥 즐거워하고 재밌게 참여한 아이들이 고마울 뿐이다. 지금은 아이들과 촬영을 하고 있으면 먼저 미소가 지어진다.

여전히 아이들 사이에서는 갈등이 일어난다. 약속을 지키지 않는다든가, 같은 실수를 계속 반복한다든가, 서로를 평가해서 감정을 자극하거나, 적극적으로 참여하지 않는다든가 하는 등등의 이유로 말이다. 그렇지만 아이들은 그런 상황을 회피하지 않고 해결해나가며 다시 즐겁게 시간을 보낸다. 이후 다시 그런 문제 상황을 맞았을 때는 이전과는 다르게 행동하는 모습을 보인다. 자신의 달라진 모습에 자부심과 재미를 느끼고 지속적으로 시도하기도 한다. 우리는 그것을 '변화'라고 한다. 우리들에게 그 '변화'된 모습은 노력하는 모습으로 비춰지고 때론 감동을 주기도 한다. 그 감동적인 작은 울림이 그곳에 함께 있는 한 명 한 명에게 흘러들어가 큰 파장을 만들어 내고 전체의 행동에 변화를 끌어내기도 한다. 이런 모습이 바로 우리가 공동창작을 하면서 느끼는 희열이 아닐까?

조금씩 변화하며 함께 나아간다

공동창작이라는 예술 활동이 주는 또 하나의 장점은 우리들 스스로가 더 많은 공감 능력과 객관화 능력을 동시에 키울 수 있다는 것이다. 아이들은 자신과 다른 캐릭터를 연기하면서 성격이 많이 좋아지곤 했다. 아직 어린 아이들은 연기하는 자신과 현실 속의 자신을 뚜렷이 구분하지 못하는 경우가 많다. 평소에 자신이 싫어하던 캐릭터 연기를 하게 되면 왜 그 캐릭터가 그렇게 행동할 수밖에 없는지 갑자기 공감하기 시작하는 것 같다. 동시에 자기 행동도 좀더 객관적으로 보게 되어 시야가 급속히 넓어진다.

교사가 교실에서 아이들에게 듣는 하소연은 주로 이런 것이다.

"친구들이 저한테만 그래요."

"쟤가 맨날 놀려요."

"전 원래 못해요."

아이들은 원래 이렇게 단언적인 말을 많이 한다. (어른이라고 크게 다른 것 같지도 않다.) 이런 말에 교사는 보통 다음과 같이 말해줄 것이다.

"그 친구는 다른 친구한테도 그러지 않을까?"

"저 친구가 정말 매일 그러니?"

"한번 시도해보면 달라질 수도 있지 않을까?

이렇게 말해서 아이들의 생각이 변화한다면 더할 나위 없이 좋겠다지만 현실에선 이렇게 말로 해서 아이들의 생각이나 행동이 바뀌는 걸 보기는 어렵다. 아이들이 어른 하는 말을 알아들어서 행동이 달라지는 속도는 굉장히 더디다. 교사가 고쳐주려 한 부분이 결국 변화하지 않고, 해를 넘기는 경우가 다반사다. 성인도 마찬가지다. 그래서 어떤 방식으로든 자신의 상황을 객관적으로 바라보게 할 필요가 있다. 그 상태를 직접 느끼고 그에 대한 감정을 갖는 것이 중요하다. 그래야 변화가 시작된다. 그러한 변화는 연기에 드러나기도 하고, 영화 제작방식에서 나오기도 한다. 일상의 대화 중에 나오기도 한다.

수줍은 모습으로 방송부에 들어왔던 4학년이었던 예은이가 어느덧 6학년이 되어 영화 시나리오를 쓰고, 스토리보드를 그리며 다른 부원들의 의견을 조율하는 모습을 볼 때면 괜히 내 어깨가 으쓱해진다.

#4.

아이들과
함께
영화 보기

우리가 만드는 작은 영화제

/

'몽당분필'에서 제공한 템플릿을 활용해 만든 영화제 입장권

"선생님 우리가 만든 영화 어디서 봐요?"

"동생이랑 같이 보고 싶은데."

"다른 반 친구들이랑 같이 보면 안 돼요?"

학교 내에서 복도를 지나치다가 혹은 방송실에서 만나는 아이들이 종종 하는 질문이다. 학생들이 모였을 때 방송실에서 텔레비전 화면으로 우리가 만든 것을 같이 보곤 했는데 더 많은 친구에게 보여주지 못한 아쉬움이 있었다. 그 당시 방송부와 자치를 동시에 담당하고 있었는데 다모임이라는 학생 자치회의에서 "우리 학교에서 영화제를 하면 어떨까요?" 하는 안건이 나왔다. 적극적인 학생회 학생들의 성원에 힘입어 영화제를 시작하게 되었다. 자치위원회 홍보팀이 포스터를 뚝딱 만들어서 게시판에 공지하고, 연출팀은 시청각실에 의자를 100여 개 비치하고 주변에 홍보했다. 나는 학생들이 영화제를 제대로 경험하게 하려고 영화 티켓을 만들고, 감독과의 대화 자리를 마련했다. 축제 분위기를 위해 팝콘도 준비했다. 전년도 학생들이 만든 작품과 그해 작품을 합쳐서 러닝타임은 50분 정도로 했다.

작은 영화제 당일에 과연 몇 명의 관객이 올까? 파티를 준비하는데 손님이 몇 명인지 모르는 그런 기분이라고 하면 표현이 맞을까? 그런데 영화제 시작 한 시간 전부터 놀라운 일이 벌어졌다. 100명에 가까운 친구들이 상영 예정 장소인 시청각실 앞에서 대기하고 있었다. 1, 2학년 학생들도 언니, 오빠들 작품을 보려고 줄을 섰다. 영화제를 준비한 학생회 학생들도 놀라고 신나서 즐겁게 행사를 진행했다. 시간에 맞춰 일사분란하게 초대권과 팝콘을 교환해주었다. 입장한 학생들은 앞자리부터 차분히 들어와 앉았다. 영화가 시작됐다. 분위기가 점차 고조되었다.

영화 상영이 끝나고, 그날의 하이라이트인 단편영화 〈뭉치〉의 주인공 학생이 앞으로 나와 관객과 이야기를 나누었다. 영화제의 모든 순서가 끝나자 학생회 학생들은 일사분란하게 의자를 정리하고, 바닥을 청소했다. 학생회 학생들이 이렇게나 자율적이고 적극적이었던가 싶어 새삼 놀랐다. 영화제의 내용이 학생들의 삶과 관련이 깊고, 또 참여 대상도 친구들이나 형제, 자매 등이어서 더 책임감을 느끼지 않았나 싶다. 첫 영화제는 이렇게 학교 자치와 손을 잡고 뿌듯하게 막을 내렸다.

감독과의 대화 직후

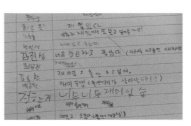

작은 영화제 후기

입장 전 대기

팝콘과 함께 영화 감상

영화제 진행과정

영화 진행 과정을 표로 정리해보았다.

학생회 자치회의(영화제 실행 결정)
⇩
2. 계획서 학교 내부기안 품의(일정, 참여대상, 필요 물품)
⇩
3. 영화 상영을 위한 공간 선정 및 준비(영사기, 컴퓨터, 상영영화 확인, 의자배치 등)
⇩
4. 홍보(포스터 게시, 영화 초대권 배부)
⇩
5. 영화제 실시(학생회 주관 준비, 진행, 정리) 사진, 영상으로 진행과정 및 학생들의 반응을 기록으로 남겨놓으면 다음 영화제를 준비, 진행하는 데 도움이 된다.
⇩
6. 학생회 자치회의(피드백)

학생 자치가 성숙한 학교라면 인근 학교와 연합하여 규모 있는 영화제를 기획해볼 수 있다. 영화제 본래의 취지인 공유와 소통의 장이 마련될 것이다.

영화제 팜플렛

자료 제공: 신능초등학교 교사 고혁민

교실 영화 감상 수업

/

일상적으로는 감상 수업이 교실에서 활용하기 좋다.

"얘들아, 오늘 우리 같이 영화 볼까?"

"네, 좋아요!"

"무슨 영화를 보면 좋을까?"

"〈스파이더맨〉이요!"

"〈배트맨〉이요!"

"〈아이언맨〉이요!"

무슨 영화를 볼까, 하고 물으면 학생들은 대부분 마블 히어로 영화를 보자고 한다. 아니면 전쟁 영화다. 그런 영화도 나쁘지는 않다. 주인공이 성장하기 위해서는 시련을 이겨내야 한다는 교훈을 주며 통쾌한 승리감, 카타르시스를 느끼게 해준다. 하지만 교실에서 보기에는 적합하지 않다. 교사가 보여주지 않아도 알아서 찾아보는 영화일 테니까. 아이들이 영화를 통해 흡수하면 좋을 양질의 콘텐츠가 들어 있는 영화가 교실에서 보기 좋은 영화일 것이다. 학생들은 피자나 햄버거를 좋아하지만 학생들 입맛에 맞으면서 몸에도 좋은 된장국, 미역국 등을 먹여서 건강하게 만들어주고 싶은 마음이라고 할까?

영화 고르기

학생들에게 영화를 제시할 때에는 몇 가지 기준이 필요한데 일단 선정적이거나 폭력적인 내용이 없는 것을 고른다. 그리고 다음과 같은 기준을 활용한다.

1) 아이들에게 재미있는 것

2) 아이들이 공감할 만한 주제인 것

3) 아이들의 삶에 질문을 던질 수 있는 것

미리 정해놓은 영화가 없는 경우, 애니메이션이 실패하지 않는 대안이 된다. 선정적이거나 폭력적인 내용이 없으면서도 학생들에게 친근하게 다가갈 수 있는 캐릭터들이 많이 있다.

길이도 문제가 되는데 단위 수업에서 다루기에는 단편영화가 좋다. 함축적으로 표현된 장면과 이야기는 학생들의 표현능력을 향상시키는 데에도 도움이 된다. 유튜브 검색창에 'short animation film'을 치면 10분 내외의 질 좋은 단편 애니메이션 영화들을 만나볼 수 있다. 네이버 인디극장에서도 좋은 작품들을 무료로 관람할 수 있다. 장편영화를 본다면 DVD 사용이 원칙이고, DVD 발매일을 기준으로 6개월이 지난 작품은 저작권 걱정 없이 상영해도 된다. 학교도서관에 미리 구매를 요청해놓는다. 영화를 미리 보고 분석하고 준비하는 것이 현실적으로 어려울 때가 많은데 초등 교사들이 운영하는 〈에듀씨네 https://www.educolla. kr〉라는 커뮤니티에서 다양한 영화 수업 관련 정보를 참고할 수 있다.

영화 수업 만들기

영화 감상도 독서 지도처럼 전·중·후 단계로 나누어 진행하면 교사의 의도에 따른 결을 만들어가면서 진행할 수 있다. 적용할 수 있는 과목도 다양하다. 영어 시간에는 영어 스크립트를 활용할 수 있고, 국어 시간에는 시나리오 분석, 캐릭터 분석 등을 다룰 수 있다. 등장인물의 행동 동기와 도덕적 딜레마를 다루는 도덕수업, 영화의 시대적 배경과 함께 역사 혹은 사회수업도 할 수 있다. 영화의 의상, 소품, 장소, 화면의 구도와 질감 등은 미술 시간에 좋은 소재가 된다. 종합예술이라고 일컬어지는 만큼 적용할 수 있는 교과는 무궁무진하다.

1. 영화 읽기 전

이 단계에서는 학생들에게 영화에 대한 호기심을 유발시킨다. 필요한 경우 학생들에게 영화를 이해하는데 도움이 되는 배경지식을 채워주는 활동을 진행하는 것도 좋다.

① 포스터 보고 이야기 나누기

포스터에는 영화의 주제 혹은 분위기를 하나로 압축시킨 이미지가 담겨 있다. 포스터에 등장인물이 나와 있다면 이 인물에게 어떤 일이 일어날지 질문하고 함께 상상해본다.

ex) 포스터가 무엇을 보여주고 있나요?
이 사람에게 어떤 일이 일어날 것 같나요?
주인공은 그 상황을 어떻게 받아들일까요?

② 시놉시스 읽고 이야기 나누기

시놉시스는 영화에 대한 두세 문장의 짧은 설명이다. 이야기의 배경과 주인공이 누구이며 어떤 일을 겪는지 알 수 있다. 학생들이 영화를 보기 전에 이야기 전반을 파악하는 데 도움이 된다. 학생들과 영화 제작을 할 때도 시놉시스를 먼저 만드는 것이 영화 제작의 방향을 설정하는 데 도움이 된다.

③ 영화 트레일러 보고 이야기 나누기

2분 내외로 영화의 핵심을 담은 영화 트레일러를 통해 영화의 전반적인 분위기를 엿볼 수 있다. 시놉시스보다 훨씬 많은 정보가 담겨 있어 학생들의 상상력을 어느 정도 제한시킬 수 있지만 영화의 구체적인 내용을 상상하게 해준다는 점은 장점이다.

2. 영화 읽기 중

학생들이 학급 친구들과 함께 영화를 보게 되면 학생들 간 공감의 지점이 드러난다. 영화를 처음 볼 때는 조용히 옆 사람 방해하지 않고 감상하는 태도를 제외하고는 어떠한 안내도 하지 않는다. 다시 볼 때는 이야기의 전개상, 혹은 영화적인 기법들(화면전환, 나레이션, 사운드, 미장센)등의 주요 장면을 훑으면서 활용한다. '나라면 어떻게 다음을 전개할까?' 라는 질문을 통해 영화의 재구성을 시도해볼 수도 있다.

3. 영화 읽기 후 활동

읽기 후 활동을 할 때는 이미지, 이야기, 캐릭터 등 집중해서 논의할 포인트를 정하면 좋다. 말하기, 글, 이미지, 영상 등 다양한 방식으로 표현해볼 수 있다. 주로 글과 말로 진행하되, 여건에 따라 이미지와 영상으로 표현할 기회를 주면 학생들에게 창작의 동기와 영감을 동시에 줄 수 있다.

이미지

- 영화에서 인상 깊었던 장면 선택하고 이유 말하기
- 좋았던 장면 그려보기
- 주요 장면을 다양한 재료를 통해 콜라주하기
- 영화의 주제를 사진으로 연출해서 찍기
- 주요 장면 영상으로 연출하기

자신에게 감명 깊게 다가왔던 장면을 선택하고 그 이유를 말하는 소극적인 활동에서 적극적인 형태의 창작활동으로 표현하는 단계까지 수업 상황에 따라 다양하게 시도해볼 수 있다.

이야기

- 한 줄로 줄거리 요약하기 (주인공, 장소, 사건)
- 세 줄로 줄거리 요약하기 (주인공변화과정, 장소, 사건 등)
- 분량 제한 없이 자유롭게 줄거리 요약하기
- 캐릭터 간 주인공 바꿔보기
- 시대적 배경 바꿔보기
- 결말 바꿔보기

캐릭터

- 인상 깊은 캐릭터 및 그 이유 표현하기
- 캐릭터의 동기와 행동 변화 표현하기
- 캐릭터 간의 관계도 표현하기
- 내가 해당 캐릭터라면 어떻게 행동할지 표현하기
- 영화 안에서 캐릭터를 빼거나 추가하면 어떨지 표현하기
- 내가 그 캐릭터라면 어떻게 했을지 표현하기

이렇게 아이들과 함께 영화를 읽는 활동은 영화 속 세계와 나의 세계를 관련시켜서 생각해보게 한다는 데 장점이 있다. 좋은 영화를 즐겁게 감상하고 창의적으로 읽는 활동은 아이들이 영화를 제작할 때 도움이 되는 밑바탕이 되어준다.

/

Part III

이솔샘이 알려주는
단편영화 제작 A to Z

이제 영화를 만들어보자!

영화 제작은 예상치 못한 변수로 인해 다양한 난관에 부딪히기 마련입니다. 좋은 의도로 시작한 활동인데 좌절감만 남기고 끝나서는 안 되겠지요. 그동안 제가 단편영화를 제작해온 경험을 바탕으로 영화 제작에 필요한 단계별(프리 프로덕션, 프로덕션, 포스트 프로덕션), 분야별(기획, 연출, 촬영, 음향, 편집, 배급) 지식과 절차를 여기에 나름대로 정리해보았습니다. 각종 영화 이론서들은 영화의 방향과 맥락을 잡는 데는 도움을 주지만 실제 현장에서 부족한 시간과 인력, 장비 등을 채워 주기에는 역부족이었지요. 이 책 역시 독자가 영화 제작의 모든 것을 알려주기는 어렵지만 제가 배우고, 경험하고 알아본 것들을 토대로, 영화 제작의 시작부터 관객에게 도달하는 단계까지 꼭 필요한 지식과 체크할 내용을 나름대로 정리해보았습니다. 영화 제작에 도전하는 분께 도움이 되었으면 합니다.

프리 프로덕션
Pre-production:

모든 것을 다 준비한다

"Just do it 하면 Just 망함"

프리 프로덕션이란?

**실제 영화 촬영에 들어가기 전의
모든 제반 활동을 말한다.**

아무리 꼼꼼히 준비해도
지나치지 않는
프리 프로덕션

프리 프로덕션 체크리스트 8

☐ 1. 무엇을 이야기할까?

☐ 2. 시나리오는 준비되었나?

☐ 3. 예산은 세웠나?

☐ 4. 핵심 제작 팀원 구성은 마쳤나?

☐ 5. 배우 섭외와 연출 지도 계획은?

☐ 6. 콘티(스토리보드)는 준비되었나?

☐ 7. 촬영 장소 섭외와 촬영 일정은?

☐ 8. 촬영 기본 필수 상식은 챙겼나?

1. 무엇을 이야기할까?

/

영화는 처음에 어떻게 시작될까요? 길을 가다가 하늘에서 문득 '넌 이런 이야기를 해야 돼!' 하고 계시를 내려주는 걸까요? 그러면 편할지도 모르겠네요. 여러 감독의 자서전이나 인터뷰 기사를 보면 개인적인 경험이 단초가 되는 경우가 많더군요. 자기 안에 강렬한 기억으로 남은 이미지의 조각을 다른 사람들에게 보여주고 싶은 것이죠.

사회의 부조리함을 알리고 싶어서 영화를 만들 수도 있지요. 저 역시나 자신을 포함한 주변 세상을 좀더 이해하고 싶어서 카메라를 들고, 그런 이해를 바탕으로 더 많은 사람과 공감하기 위해서 영화를 만들고 있습니다.

여러분은 어떤가요? 기억 속에서 꺼내고 싶은 이미지가 있나요? 표현하고픈 메시지가 있나요? 영화를 만들고 싶긴 한데 어떤 내용으로 할지 막막하다면 제 이야기가 도움이 될 거라고 생각합니다. 제가 첫 번째 단편영화 〈괄호〉를 시작하게 된 이야기입니다.

우리 반 아연이

2016년 초여름이었습니다. 중간 놀이시간에 아이들을 바라보고 있는데 아연이가 눈에 띄었어요. 아연이는 공부 잘하고 성격도 좋아서 아이들은 모르는 게 있으면 늘 아연이에게 묻죠. 한 아이가 '아연아, 이거 어떻게 해?'라고 물어서 아연이가 질문에 답을 해주려고 할라치면 저쪽에서 다른 학생이 '아연아, 이리로 와봐, 이 수학문제 어떻게 푸는 거야?' 라고 재촉합니다. 담임인 저도 거기에 보태기 일쑤지요. "아연아, 교무실에 가서 우리 반 알림장이랑 그 옆에 과학 선생님이 놔둔 물품 좀 가져다줄래?"

아침부터 밀려드는 학교 업무에 지쳐 '왜 이렇게 일이 많담' 하고 푸념하던 중에 아연이 입장도 만만치 않겠다는 생각이 들었습니다. 4학년이면 아직 어린데 참 많은 일을 해내고 있구나, 싶었습니다. 친구들에게 친절한 친구가 선생님한테는 모범적인 학생이 집에서는 착한 딸로 살아가고 있는 아연이가 기특하면서도 문득문득 비치는 아연이의 지친 표정이 자꾸만 눈에 밟혔어요. 늘 알아서 잘 하는 아이니까, 말만 하면 똑 소리 나게 해내니까 담임인 저도 어느새 아연이를 많이 의지하고 있었더라고요. 그게 아연이의 말 못할 고민일지도 모르겠다는 생각이 들었습니다.

아연이에게 좀더 신경을 써야겠다 싶었습니다. 아이들에게도 아연이의 힘겨운 상황을 잘 이야기했어요. 아연이는 담임인 제가 알아주고 친구들이 공감해준 것에 만족하며 다시 웃으면서 학교생활을 즐겁게 했습니다. 그 마음이 고맙고, 기억하고 싶었어요. 이 감정을 글로 남길 수도 있었지만 영상으로 표현해보고 싶은 마음이 들었죠. 물론 그때는 영화라고는 생각하지 못하고 그냥 영상으로 남긴다고 생각했어요. 아이들에게 이 아이디어를 말하자 다들 좋다고 하더군요. 그런데 무슨 내용으로 찍는지, 어떤 역할을 맡을지 아이들이 궁금해하더군요. 다 같이 이해할 수 있는 언어로 된 무언가가 필요했죠.

2. 시나리오는 준비되었나?

/

영화 제작을 전제로 쓴 대본이 시나리오입니다. 시나리오 속에는 등장인물, 사건, 배경 등이 제시되고, 소설과는 달리 글이 시각적입니다. 배우와 제작진은 시나리오를 보면서 촬영이 어떻게 진행될지 자세히 알 수 있습니다.

시나리오를 쓰기 전에

영화를 만들려면 무슨 내용을 담을지 정해야겠죠. 우리가 왜 이 이야기를 영화로 만들려고 하는지가 분명해야 해요. 왜 영상으로 이 이야기를 표현하려고 하는 건지 함께 토의해보는 과정은 다음 작업을 위해서도 꼭 필요한 일입니다.

영화로 할 이야기를 정했다면 영화 제작을 위한 시나리오를 작성합니다. 시나리오를 쓰는 데 무슨 정답이 있는 것은 아니에요. 여느 창작활동이 다 그렇듯이요. 다만, 더 좋은 시나리오가 될 가능성을 높이는 방법은 있어요. 가령 다양한 질문지를 통해 자신의 시나리오가 놓치고 있는 것은 없는지 점검할 수 있어요. 일정 기간 동안 시나리오 집필에 집중할 시간대과 장소를 정해놓고 글을 매일 점검하는 등 작가가 자기에게 맞는 방법을 찾아가는 것도 중요합니다.

마음속에 '이런 걸 써보겠어!' 하는 열망이 생겼다면 당장 쓰러 갑니다. 아직 갈피가 안 잡힌다고요? 그럼 간단한 도구를 드릴게요.

- 로그라인을 써보자.

로그라인이란, 이야기의 핵심을 한 문장으로 압축해서 표현한 것을 말합니다. 등장인물과 사건의 소재, 목표와 장애물이 들어갑니다.
  - 〈록키〉: 자신감 없는 권투 선수가 애인의 도움으로 용기를 얻고 세계 챔피언에 도전하는 이야기.
  - 〈타이타닉〉: 원치 않는 결혼을 하게 된 상류층 여자가 가난하지만 로맨틱한 남자와 사랑에 빠지면서 자기 내면의 자유로운 영혼을 되찾는 이야기.
  - 〈죠스〉: 어느 바닷가 마을에 나타난 식인상어를 처치하기 위해 싸우는 경찰서장의 이야기.

이런 식으로 한 문장으로 말하기를 해보면 이야기를 어떤 방식으로 전개해나갈지 맥락을 잡을 수 있습니다.

- 흥미로운 캐릭터를 만들자.

캐릭터로 이야기를 떠올려보는 것도 좋습니다. 캐릭터의 특성을 부각시키면 이야기의 소재가 풍성해집니다. 아이러니를 활용한 캐릭터 설정, 직업 특성과 상반되는 극단적 캐릭터 만들기 등으로 이야기에 개성과 활력을 불어넣을 수 있습니다.
  - 어둠을 무서워하는 경찰관의 이야기.
  - 말하는 것을 어려워하는 교사의 이야기.
  - 주목받는 게 두려운 모델의 이야기.

- 이야기의 시작과 끝을 설정해보자.

시나리오를 시작하면서 엔딩부터 정한다니 어렵게 느껴질 수 있습니다. 이야기는 다양한 방향으로 흘러갈 수 으니까요. 하지만 시작할 때 미리 종착지를 결정해놓으면 이야기 만들기가 훨씬 수월해집니다. 절대적인 것은 아니지만, 시나리오를 쓸 때 미리 엔딩을 정해놓는 것이 효율적이라는 데에는 이견이 없다고 하겠습니다.

• 주인공의 여정을 그려보자.

영화를 보고 나면 관객들은 주인공이 어떤 결말에 도달했는지에 대해
선 잘 기억하지 못하는 경우가 많습니다. 관객들은 주인공이 위기를 어
떻게 헤쳐나가는지, 목표에 어떻게 도달하는지 또는 왜 도달하지 못하
는지 등에 관심이 있습니다. 그 과정에서 관객은 캐릭터에 감정이입이
되고 공감하며 카타르시스를 느끼게 됩니다.

• 내 시나리오를 더 빛나게 만들어줄 핵심 질문을 던져보자.

만들고자 하는 작품을 좀더 명확하게 해줄 핵심 질문을 던져봅니다.
1) 주인공에게 생긴 갈등은 무엇인가?
2) 주인공은 무엇을 배우는가?
3) 주인공은 어떻게 변하는가?

이런 과정을 통해 내가 생각하는 이야기를 영화적인 방식으로 전
개해볼 수 있습니다. 기존의 작품을 분석해보는 것도 좋은 연습이
됩니다. 좋은 영화라고 불리는 작품들이 갖추고 있는 공통 요소를
통해 배울 수 있습니다.

초등학교 교과서에도 소개된 영화 〈우리들〉의 윤가은 감독이 만
든 단편영화를 분석해보았습니다. 주인공과 목표, 갈등 및 장애물,
해결 단계로 나누어 이야기의 흐름을 분석해보았습니다.

단편영화 〈콩나물〉 분석 연습

주인공과 그의 목표: 일곱 살 보리는 할아버지 제사상에 놓일 콩나물

을 사기 위해 집을 나선다.

갈등 및 장애물: 빵 조각으로 개를 따돌리기도 하고 친구들과 싸우기도 한다. 채소가게에 도착하지만 콩나물 사는 것을 잊는다.

해결: 채소가게 위치를 알려준 노인에게 받은 해바라기를 제사상에 올려놓는다. 가족들은 할아버지가 좋아하는 해바라기를 가져왔다며 보리를 칭찬한다.

1) 구조를 통한 분석 (참조:《시나리오란 무엇인가》, 시드 필드 저, 유지나 역, 민음사, 2017.)

ACT 1(도입)

배경: 할아버지 제삿날이다.

발단: 보리는 제사에 콩나물이 필요하다는 것을 알고 콩나물을 사러 나간다.

ACT 2(갈등에 직면)

전개: 콩나물을 사러 가는 도중에 보리는 난관에 부딪힌다. 도로가 공사중이고, 개가 나타나며, 동네 여자아이와 싸우기도 한다. 모르는 아저씨로부터 도망치기도 하고, 놀이터에서 놀기도 하며, 지나가던 할머니를 따라가기도 한다. 노인들 앞에서 재롱을 피우기도 하지만 채소가게를 찾지는 못한다. 그러다 지나가는 노인을 만나 채소가게 위치를 알게 된다.

절정: 콩나물을 사야 한다는 걸 잊어버린다.

ACT 3(사건 해결)

결말: 가족들과 함께 제사를 지낸다. 할아버지가 좋아하던 해

바라기를 가져온 보리를 가족들이 칭찬한다.

위처럼 이야기를 분석하는 것이 어렵게 느껴진다면 댄 하몬스Dan Harmons의 이야기 8단계를 활용해서 구조를 파악할 수도 있습니다.

2)이야기 8단계 (참조: www.studiobinder.com)

① YOU

주인공을 설정합니다. (보리가 등장합니다.)

② NEED

주인공이 필요로 하는 것을 설정합니다. (보리가 콩나물을 사오기로 합니다.)

③ GO

주인공이 낯선 세상으로 나아갑니다. (보리는 한 번도 가본 적이 없는 채소가게를 찾아갑니다.)

④ SEARCH

주인공은 자신이 원하는 것을 얻으려고 노력하지만 쉽지 않습니다. (보리는 채소가게를 찾는 중에 많은 방해물을 만나고 어려움을 겪습니다.)

⑤ FIND

결국 주인공이 원하는 것을 얻게 됩니다. (보리는 한 노인의 도움으로 채소가게를 찾게 되지만 원래 목적을 잃어버린 채 노인이 준 해바라기를 가지고 집으로 돌아갑니다.)

⑥ TAKE

주인공은 원하는 것을 얻기 위해 대가를 지불해야 합니다. (채소가게에 가는 중에 동네 아주머니를 도와주기도 하고, 개를 따돌리기도 하고, 동네 여자아이와 싸우기도 하고, 막걸리를 마시기도 합니다. 저녁이 거의 다 되어서야 채소가게에 도착합니다.

⑦ RETURN

주인공은 여정을 마치고 자신이 성취하려고 했던 것을 가지고, 혹은 갖지 못하고 자신의 원래 있던 곳으로 돌아옵니다. (보리는 콩나물은 사지 못하고 지나가는 할아버지가 준 해바라기를 제사상에 올려놓습니다.)

⑧ CHAGE

주인공이 달라졌습니다. (보리는 할아버지를 잘 알고 있다는 듯이 할아버지 사진을 쳐다봅니다.)

시나리오, 어떻게 쓸까

시나리오는 영화를 함께 만들 제작진이 작품의 내용과 진행과정을 공유하는 의사소통 플랫폼입니다. 영상화하기 전, 영화의 기본 설계도라고 할 수 있지요. 시나리오는 영상을 만들기 위한 텍스트입니다. 그러므로 시각적으로 표현될 수 있는 것을 써야 합니다. 이 텍스트를 바탕으로 스태프들이 영상이 된 장면을 상상하고 자신이 맡은 역할을 수행하게 됩니다. 예를 들어 주인공 현서가 헤어진 연인을 그리워하는 장면이라고 해보겠습니다. 소설은 이렇게 쓸 수 있겠죠.

소설- 현서는 가슴이 찢어질 듯 아팠다.

시나리오- 현서: (한 손으로 가슴을 부여잡고 고개를 숙이며) 흐흑!

어떤 영화든 이야기 속에서는 주인공에게 갈등을 불러일으키는 사건이 있기 마련입니다. 주인공은 이를 통해 좌절 또는 성장합니다. 그 영향으로 주인공은 전과 달라지는데 그 이유가 드러나야 합니다. 보통 장편영화는 3막으로 나눌 수 있는데 1막에서는 등장인물의 등장과 함께 배경이 제시되고 2막에서는 갈등이 드러나며 점차 고조됩니다. 3막에서는 갈등이 해결되면서 이야기가 마무리됩니다. 단편 역시 이런 구조에서 크게 벗어나지 않습니다.

단편영화 시나리오를 쓸 때 주의할 점

현실을 반영하는 리얼리티 영화라고 해서 우리가 평소 대화하는 말을 그대로 차용해서 중언부언 길게 써야 할까요? 아니면 간결하게 다듬은 내용으로 전달해야 하는 걸까요? 단편영화와 장편영화의 차이는 길이에 있습니다. 단편은 45분 이내의 영화를 말하는데요, 길이가 짧다는 건 스토리의 양이 적다는 것입니다. 너무 많은 이야기를 집어넣지 않도록 유의합니다. 스토리가 산발적으로 나열되면 이야기의 응집성이 떨어집니다. 등장인물은 자기 삶의 주체여야 합니다. 시나리오를 처음 쓸 때 자신의 경험에 비추어서 캐릭터를 만드는데 우리가 보는 주변 사람들은 사실 그렇게 주체적이지 않습니다. 상황 속에서 소극적으로 반응하고 남한테 휘둘리기도 합니다. 하지만 인물의 말과 행동을 그런 식으로 그리면 시나리오상에서도 캐릭터의 매력이 떨어져서 다음 장면으로의 동력이 떨어지고 맙니다. 주인공이 어떤 캐릭터이든 주체성은 기본입니다. 주인공이 사건을 통해 무엇을 배우며, 이전과 이후가 어떻게 다른가가 드러나야 합니다. 이것이 이야기의 핵심이 될 수 있을 것입니다. 관객들은 주인공에게 감정을 이입하여 주인공이 되어 세상을 경험합니다. 그러한 영화적인 사건이 우리의 삶과 관련되어 있고, 우리가 미처 보지 못했거나 쉽게 지나쳐온 부분을 제시하고 있다면 좋은 시나리오라고 할 수 있겠지요?

시나리오는 씬, 지문, 대사, 내레이션으로 구성됩니다. 한 장소에서 같은 시간대에 일어나는 일이 한 씬을 이룹니다. 지문이란 씬에 대한 설명입니다. 화면에 보여질 장소를 설명하고 인물의 움직임을 기술합니다. 눈에 보일 듯이 묘사할수록 제작진이 이해하기가 쉽겠죠? 이야기 전개상 중요한 부분에는 굵은 글씨로 표시합니다. 영어권에서는 대문자로 표시해서 시나리오 안에서 이 부분이 얼마나 중요한지를 나타내기도 합니다. 시나리오상 첫 등장 시 인물의 나이, 외모, 성향을 메모해놓습니다.

#1. EXT. 정원-주중-플래시백

작은 집이지만 아담한 정원에는 꽃이 가득 피었다. 정원 가운데로 좁다란 돌길이 나 있다. 하늘이 점점 흐려진다. 여름인데도 긴팔 옷을 껴입은 춘화(60대 후반, 백발의 할머니, 헤어밴드를 하고 꽃무늬 드레스를 입고 있음)가 정원에서 꽃을 손질하고 있다. 춘화는 꽃줄기 하나하나를 정성스럽게 닦아주고 있다. 혜연이가 가만히 지켜보다 묻는다.

혜연: 꽃도 없는 줄기는 왜 닦아줘요?
춘화: (계속 꽃줄기를 닦으며) 내 눈에는 다 예쁜 꽃들인데.

괄호 안에는 등장인물의 행동을 표시합니다. 시나리오는 수정 버전을 '고'라고 표기합니다. 수정마다 1고, 2고, 3고… 이런 식으로 고를 더하면서 수정합니다. 영화 제작 과정의 특성상 시나리오는 여러 번 수정을 거치기 마련이기 때문에 수기로 작성하기보다는 디지털 파일을 만드는 것이 용이하겠죠? 시나리오 작성에 유용한 프로그램 몇 가지를 소개합니다.

1. 워드 프로그램: 한글, 마이크로소프트 워드, 메모장 등 일반적으로 많이 쓰는 문서 작성 프로그램.

2. Celtx: 무료이며 클라우드 서비스로 제공되어 사용이 편리하다. 한글의 경우 글씨가 깨지는 오류가 발생하기도 한다.

3. Screevner: 전문적인 글쓰기 프로그램으로 사용료가 있다. 직관적으로 전체 이야기 구조를 조망하면서 구성을 바꾸기 편리하게 되어 있다.

4. Final Draft11(ISO): 전문적인 시나리오 작성 프로그램. 유료이며 해외에서 업계 표준으로 사용된다.

3. 예산은 세웠나?

/

"아뇨. 예산이 없어요. 0원이에요." 이렇게 말씀하실 거면 본인의 시나리오를 책상 서랍 속에 고이 넣어두세요. 디지털 파일 잘 보관하시고요. 돈 없이도 촬영할 수 있는 시나리오인지 다시 생각해보세요. 당장 촬영하고 싶다면 다시 시나리오 작성 단계로 돌아가서 예산 상황을 고려해 이야기의 핵심을 해치지 않는 범위 내에서 수정하세요. 현실에 맞게 시나리오를 개선했다면 이제 좀더 부지런을 떨어야 합니다. 촬영단계로 넘어가야 하니까요. 우선 친구들을 불러 모으세요. 영화 찍는 일에 참여하고 싶어 하는 친구들을 모아서 재미있는 놀이처럼 설명해주면 좋겠죠. 그중에 촬영감독을 정하고, 연기할 배우도 정하세요. 사운드를 담당할 친구는 한 명이면 좋겠습니다. 그런데 어디서 찍을까요? 돈 안 드는 곳에서 찍으면 됩니다. (야외보다는 실내 촬영이 정신 건강에 좋습니다.) 카메라는요? 스마트폰으로 촬영해도 되지만 진지한 촬영이라면 DSLR 정도는 사용하는 것이 좋겠습니다. 장비에 따라 제작진이 촬영 현장에 임하는 심리적 무게감이 다르더라고요. 가능하면 다양한 렌즈군을 준비해서 요리조리 실험해보고 원하는 스타일을 찾아서 촬영을 진행하면 좋습니다. 녹음을 위해 붐 마이크를 사용하면 작품의 퀄리티는 수직 상승합니다. 영화에서 사운드는 비주얼만큼이나 중요합니다.

예산을 어떻게 짜야 할까

프리 프로덕션, 프로덕션, 포스트 프로덕션, 배급 등 아무리 소규모 단편이라 해도 단계별 예산 계획을 잘 세워두어야 합니다. 크게 캐스팅, 장비 대여, 장소 대여, 식비, 편집 비용, 배급 비용으로 나눌 수 있습니다. 지인을 배우로 활용하며 캐스팅 비용을 절감할 수는 있지만 원하는 장면이 나오지 않는다면 예산 아끼려다 더 큰 손해를 볼 수 있습니다. 장소와 장비 대여료를 지불해야 하는 상황이라면 시간이 지체될수록 마음 편히 촬영을 진행하기가 어려워지겠죠? 장비는 되도록 가진 것을 이용하거나 부담스럽지 않게 대여 및 반납할 수 있는 기관 혹은 업체를 이용하는 것이 좋습니다. 조명기기까지 대여한다면 부담이 더 커질 텐데, 지역의 시청자미디어센터를 방문하면 무료로 대여할 수 있습니다. 재촬영이나 보충촬영을 해야 하는 상황이 벌어지지 않도록 만전을 기해야 합니다. 예기치 못한 상황에 대비한 예비비는 꼭 책정해두어야 합니다. 예산이 계획대로만 사용된다면 좋겠지만 촬영이 지연된다거나 프로덕션 단계에서 예상치 못한 물품 구입비가 필요해질 수 있습니다. 전체 예산의 10% 정도를 예비비로 책정해두면 비상시에 요긴할 겁니다.

영화 제작과정은 집을 짓는 공정과도 비슷합니다. 시나리오라는 뼈대 위에 영상을 입혀나갑니다. 그런 과정을 되돌리려 한다면 시간과 돈과 노력에 엄청난 손실을 끼치게 됩니다. 준비를 철저히 할수록 손실을 줄일 수 있다는 건 너무도 당연한 얘기겠죠.

제작진 간식만큼은 꼭 챙겨주세요. 촬영시간이 생각보다 많이 걸릴지 모릅니다. 허기지고 지치면 아무리 좋아서 하는 일이라도 짜증 나기 마련이지요. 함께 애쓰는 제작진에게 차가운 김밥을 건네는 상황을 만들지 않기를 바랍니다. 그러기 어렵다면 미리 그런 사정을 제작진에게 이야기해서 동의를 얻고 진행하면 서로 마음이 덜 상하고, 누군가 다른 방법을 찾을 수도 있습니다. 제작진에 대한 배려는 현장의 마법을 만들어냅니다. 제작 예산이 풍부하든 그렇지 않든 작품이 끝나면 함께 작업한 제작 스태프들에게 작게라도 고마움을 표하는 걸 잊지 마세요. 촬영 중 함께 찍은 사진을 앨범으로 만든다거나, 소박한 기념품을 만들어 나누어 가지는 것도 좋습니다. 따로 개봉 전 기술시사회를 열어 서로의 노고를 칭찬하고 격려하는 작은 파티를 여는 것도 필요합니다. 그런 배려가 다음 작업의 연결고리가 되어줄 거예요. 예산이 여의치 않은 경우, 그런 상황을 제작진을 비롯해 주변 분들에게 꼭 알려두세요. 돈은 없지만 열 정만은 넘친다는 분위기를 내뿜어주세요. 식사나 간식 지원, 또는 물품 후원이 들어올지도 모릅니다. 장비를 무상으로 빌려주거나 저렴하게 이 용하게 배려해줄지도 몰라요.

예산 짜는 일이 막막한 분을 위해 제가 진행했던 예산안을 공개합니다.

2018 〈더플라워〉 예산안

	세 목	금액 (원)	산출 근거 계획
프리 프로덕션	협의회비	300,000	○ 협의회비 − 100,000원×3회=300,000원
	배우 섭외	1,340,000	○ 출연 배우 섭외비(리허설 비용 포함) −성태 20만×2일=40만 (+6만) 46만 −춘화 20만×1일=20만 (+6만) 26만 −혜연 10만×3일=30만 (+6만) 36만 −소녀 10만×2일=20만 (+6만) 26만
	스태프 섭외	1,300,000	○ 음향감독: 25만×2일=50만(숙박비 10만) ○ 촬영감독: 10만×5일=50만 ○ 미술감독: 10만×3일=30만
	장소 섭외	300,000	○ 장소 대여: 15만×2일=30만
	자료집 제작	60,000	○ 자료집 제작 − 30부×2,000원=60,000원
	물품구입비	350,000	○ 이동식 하드(2TB) − 120,000원×2개=240,000원 ○ 클래퍼보드: 20,000원 ○ 시나리오 관련 책자: 10,000원 ○ 기타 소품 80,000원
	시나리오 비용		○ 시나리오 작가 지급(감독 개인지급)
	장비 구입	470,000	○ 필드 모니터(릴리풋7인치, 피킹기능) : 320,000원 ○ 소니 F970 호환 배터리: 60,000원 ○ 매직암(케이지 고정용): 80,000원 ○ 건전지(AA타입): 10,000원

프로덕션	식비, 다과비	880,000	○ 식비 − 15명×7,000원×7식=735,000원 ○ 다과비: 총 145,000원
포스트 프로덕션	후반 보정 작업 비용	0	○ 영상 후반 색보정 작업
배급		0	
	합계	5,000,000	

3일 촬영하는 데 예산이 5백만 원이나 나오죠? 당시에는 최선을 다한 예산안이었는데, 금액을 효율적으로 사용하지 못했던 것 같습니다. 작품의 질을 높이기 위한 후반 보정 작업비와 배급 관련 비용을 제대로 책정하지 못한 것이 아쉬웠습니다.

다음 작품 예산안도 보여드릴게요.

2019 〈뭉치〉 예산안

	세 목	금액 (원)	산출 근거 계획
프리 프로덕션	스태프 및 배우 섭외	600,000	○ 출연 배우 섭외비 − 뭉치 담임 150,000원×2일=300,000원 − 미경샘 50,000원×2일=100,000원 ○ 숙소비 − 2명×2일×50,000원=200,000원
	자료집 제작	30,000	○ 자료집 제작 − 30부×1000원=30,000원
	물품구입비	110,000	○ 기타 소품 70,000원 ○ 기념액자 구입 − 20명×2,000원=40,000원
	시나리오 비용	300,000	○ 시나리오 작가 지급
프로덕션	식비, 다과비	660,000	○ 식비 − 20명×7,000원×4식=560,000원 ○ 다과비 − 20명×5,000원=100,000원
	장비 구입	0	

포스트 프로덕션	후반 보정 음악 작업	300,000	○ 영상 후반 보정 및 음악 작업
배급		0	
	합계	2,000,000	

이번에는 예산이 많이 줄었죠? 전문 배우를 기용했는데도 비용이 확 줄어든 데에는 장소를 무료로 빌릴 수 있었기 때문입니다. 장비도 갖고 있는 것을 활용해서 훨씬 적은 예산으로 촬영할 수 있었습니다. 상황에 따라 가감하되, 제작팀 사기가 걸린 부분에는 인색하지 않아도 되는 상황을 만드시기 바랍니다.

4. 핵심 제작 팀원 구성은 마쳤나?

/

함께 영화를 제작할 팀원을 못 구하면 영화는 만들어지지 않습니다. 제작팀원, 스태프, 제작진이라 불리는 이들은 과연 누구를 말하는 걸까요?

일상의 조각들을 모아 다이아몬드로 만드는 시나리오 작가

영화의 뼈대를 만드는 사람입니다. 영상화할 수 있는 시나리오를 씁니다. 한 번에 완성한 초고가 바로 영화화되는 경우는 극히 드뭅니다. 감독과 함께 논의하며 각종 상황의 제약에 따라 끊임없이 수정해나갑니다.

관객을 사로잡는 연출가, 감독

영화 제작 준비부터 영화가 완성되기까지 모든 의사결정의 권한을 가진 사람입니다. 프리 프로덕션 단계에서는 시나리오, 캐스팅, 촬영 장소, 스태프 구성 등을 결정하고 프로덕션 단계에서는 촬영 현장을 진두지휘하지요. 제작 후반에는 편집의 방향과 결을 정합니다. 영화는 무엇을 나타내는지도 중요하지만 어떻게 나타내는지가 더 중요하기 때문에 감독의 영향력은 절대적입니다. 시나리오 하나에 연출자가 서른 명이면 전혀 다른 영화 30편이 탄생합니다. 상업적인 장편영화에서는 감독이 각각의 공정마다 의사결정을 하면 되지만, 단편영화 제작에서 감독은 여러 역할을 동시에 하게 되는 경우가 많습니다.

전천후 만능 프로듀서

연출을 제외하고 영화 관련 모든 일을 합니다. 프로듀서의 역량에 작품의 질과 성공 여부가 달려 있다고 해도 과언이 아닐 만큼 프로듀서의 영향은 매우 큽니다. 장편 상업영화에서는 역할에 따라 프로듀서도 여러 가지로 나뉘지만 단편영화 제작 현장에서는 연출 말고 모든 것을 담당한다고 보면 됩니다. 예산 수급부터 일정 관리, 식사와 숙소 등 여러 업무를 주관하며 예산을 집행하고 정산합니다. 연출이 하고자 하는 것을 가능하게 뒷받침해주는 역할입니다.

시나리오와 연출가의 마음을 꿰뚫어 카메라 앵글에 담는 촬영감독

감독의 눈이 되어 감독이 표현하고자 하는 것을 카메라에 담는 사람입니다. 관객이 영화를 보는 최종 화면을 만듭니다. 작은 규모에서는 조명도 같이 담당합니다. 스토리보드를 쓰거나 숏 리스트를 작성하여 감독과 상의하며 촬영합니다. 디지털 영화 촬영의 경우 후반 공정에서 노출, 색상, 채도 등을 수정하는데 이 부분도 관여합니다.

관객에게 강력한 몰입감을 선사하는 배우

시나리오의 캐릭터를 연기하는 사람을 말합니다. 영화에서 배우의 역할은 아주 중요하지요. 관객의 시선을 사로잡는 몰입도에 많은 영향을 미치니까요.

배우들의 연기가 맥락을 찾을 수 있게 도와주는 프로덕션 디자이너

실제 배우들이 실감 나게 캐릭터를 연기하게 만들어주기 위해서 그 상황을 공간적으로 연출해주는 사람을 프로덕션 디자이너라고 합니다. 연출, 촬영감독과 긴밀하게 협의하면서 촬영 공간을 연출합니다.

영화에 필요한 소리를 입체적으로 녹음하는 동시녹음가

영화의 소리를 녹음합니다. 카메라에 장착된 마이크를 사용하지 않고 긴 막대 형식의 붐 마이크를 들고 녹음합니다. 영상에 초점이 안 맞는 것보다 소리가 어색한 것을 관객들은 더 못 견뎌합니다. 동시녹음가는 촬영 전에 촬영 장소를 방문해 외부 소음을 확인하고, 어떻게 해결할지 미리 계획하는 것이 좋습니다.

실수를 덮어주고 이야기의 리듬을 잡아주는 편집자

촬영된 영상을 연출 의도에 맞게 편집합니다. 영상을 이야기 순서대로 배열하는 가편집, 각종 소리를 편집하는 폴리사운드 편집, 음악 편집, 화면 색 보정 단계 등 전반적인 가공과정을 관장합니다.

관객이 느끼는 감정의 흐름을 지휘하는 음악감독

음악으로 관객에게 감정의 결을 만들어줍니다. 영화에 음악이 있고 없고는 굉장한 차이입니다. 하지만 음악을 지나치게 사용하면 감정을 강요하는 느낌을 줄 수 있으니 주의해야 합니다.

이 외에도 조명감독, 소품디자이너, 메이크업 아티스트 등 많은 역할이 있지만 여기서는 단편영화 제작에 꼭 필요한 역할에 대해서만 안내했습니다. 한 사람이 여러 역할을 함께 하는 경우도 많지요. 감독이 시나리오, 편집을 겸하고 촬영감독이 조명도 맡습니다. 현재 구성된 팀 안에서 역할을 나누어 진행하면 됩니다. 여러 가지 역할에 도전하다 보면 역량이 훌쩍 높아지고, 자신에게 가장 잘 맞는 역할이 무엇인지도 알게 되겠지요?

5. 배우 섭외와 연출 지도 계획은?

/

텔레비전이나 영화관에서 흔히 볼 수 있는 배우들은 에이전시를 통해 연락을 취할 수 있습니다. 비용이 제법 들겠지만 시나리오가 좋으면 출연료 따지지 않고 출연하는 배우도 많다고 하니 시도해보는 것도 좋겠습니다. 학교 게시판에 포스터로 배우 모집 홍보를 해볼 수도 있겠지요. 인터넷을 통해 공고해도 되고요. 주변에서 추천이 들어올 수도 있습니다. 필름메이커스(www.filmmakers.com)에 본인의 작품 설명과 함께 배우 모집 공고를 하면 관심 있는 배우들이 지원해올 겁니다.

배우 캐스팅

대개 프로필과 연기 영상 등으로 1차 캐스팅을 하고 2차로 오프라인 미팅을 통해 최종 결정합니다. 단편의 경우 분량이 많지 않고 촬영이 대개 5일 이내로 끝난다는 점을 감안해서 융통성 있게 진행합니다. 배우 출연료는 홈페이지 내에서 다른 팀이 제시하는 금액을 참고하면 도움이 될 것 같습니다. 출연료 외에도 교통비와 식비, 숙박비가 필요할 수도 있습니다. 그런 비용을 쓸 수 없다면 제작진 중에서 배우를 찾아도 됩니다. 하지만 아무리 초저예산이라고 할지라도 배우의 연기는 매우 중요한 요소입니다. 주변의 지인을 활용한다 하더라도 알맞은 배역을 고르는 과정이나 연출과정에서 서로 힘든 상황이 발생할 수 있으니 사전에 카메라 테스트나 리허설 등 충분히 가능성을 타진해보고 조율해나가야 합니다.

연기 지도

배우마다 연출자 스타일마다 다르겠지만 성인 배우의 경우 각자 작품 분석을 해와서 감독과 토의하고 대본을 함께 읽어나가면서 등장인물의 감정과 액션을 구체화해나갑니다. 배우가 최고의 컨디션과 이해력을 바탕으로 연기에 집중할 수 있게 분위기를 만들어주는 것이 연출자의 중요한 능력이자 역할입니다.

아동 참여시 유의할 점

성인이 아닌 아이들은 함께 연기하는 상대에 따라 매우 다른 모습을 보입니다. 아이들은 앞에 있는 사람에게 민감하게 반응하지요. 예를 들어 두 학생이 대화하는 장면이라면 아이들에게 생소한 대사 대신 동작 위주로 제시하면 더욱 자연스런 연기가 나옵니다. 촬영하는 상황을 즐겁게 느끼는 학생을 붙여주거나, 전문 연기자가 아이의 반응을 이끌 수 있게 해주면 도움이 됩니다. 아이들이 실수를 거듭하는 장면을 계속 연습하게 하거나 억지로 촬영을 거듭하는 것은 좋지 않습니다. 잠시 다른 활동으로 아이의 기분을 전환시켜준 뒤 다시 접근하는 것이 좋습니다. 그래도 잘되지 않는다면 숏을 줄이거나(생략) 숏의 흐름을 분절시키는 (길이 변화) 방법도 있습니다. 한 숏에 얻으려던 장면을 여러 숏으로 나누어서 촬영하면 배우는 훨씬 쉽게 느끼고, 연출자도 어느 정도 타협 가능한 장면을 얻을 수 있습니다.

아이에게 시나리오를 암기하라고 하는 건 별로 도움이 되지 않습니다. 공부하듯 열심을 쏟으면 어색한 모습이 더 많이 나타나기 쉽습니다. 국어시간에 책 읽는 것 같은 어조로 대사를 하게 될 수 있습니다. 가장 이상적인 건 현장에서 상황을 만들어가는 것입니다. 아이가 이 상황이 촬영이라는 걸 의식하지 않고 상황에 빠져 자연스럽게 행동이 나오도록 이끌어주는 것이 좋습니다. 아이는 집중력과 체력이 성인보다 낮기 때문에 대기시간도 배려해주어야 합니다. 오래 기다리게 하면 금방 지치고 평소의 생기 넘치던 모습이 금세 사라져버리기 일쑤입니다. 긴 촬영을 함께할 때는 놀이환경이나 돌봐줄 어른이 꼭 필요합니다.

아이들은 낯선 어른을 한꺼번에 맞닥뜨리는 경우 반응이 소극적으로 변하기 쉽습니다. 첫 만남부터 바로 촬영에 들어가기보다는 인사와 간단한 놀이 활동으로 긴장을 풀어주는 것이 좋습니다.

아동을 제작에 참여시킬 때 그 부모님도 같이 고려해야 합니다. 프로덕션을 진행할 때 부모님과 직접 계약하고 촬영을 진행하면 문제가 없지만 그렇지 않다면 여러 문제가 생길 수 있습니다. 촬영 도중 아이가 갑자기 학원에 간다거나 부모님이 아이를 데리고 가족 행사에 간다거나 하는 등 촬영을 못하게 되는 일이 빈번하게 일어납니다. 부모님께 프로덕션 일정과 제작 상황을 충분히 말씀드리고 진행하는 동안에도 현장 사진, 메이킹필름, 가편집본 등을 보내며 지속적으로 소통할 필요가 있습니다. 그러면 부모님도 아이가 촬영에 좋은 컨디션으로 임할 수 있게 적극 지지해줄 것입니다.

6. 콘티(스토리보드)는 준비되었나?

/

스토리보드는 영상화 작업 전에 제작진과 촬영에 대해 소통하는 플랫폼입니다. 스토리보드에 정해진 형식은 없습니다. 촬영 전에 제작진이 직관적으로 알아보고 소통하기 편한 방식이면 되겠지요. 프로젝트의 성격과 제작진의 규모에 따라서 스토리보드 작업을 좀더 전문화할 수도, 간단하게 할 수도 있습니다. 사람들의 아이디어를 듣고 바로바로 그림으로 표현해주는 콘티작가가 담당하면 가장 좋겠지만 그럴 여건이 안된다면 감독이나 촬영감독이 간단히 스케치하는 것으로도 충분합니다. 그림의 완성도가 중요한 것이 아니라 촬영시 필요한 정보(인물의 크기, 캐릭터의 시선, 카메라 움직임, 카메라 위치, 연기, 대사 등)를 나누는 게 목적이니까요. 촬영을 위한 소통의 도구인 스토리보드를 그리는 데 너무 많은 시간

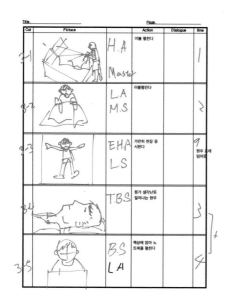

- Title.: 제목
- Page: 페이지
- Cut : 씬 및 숏 넘버
- Picture : 대표 숏
- Camera : 숏 사이즈, 카메라 위치
- Action : 배우의 동작
- Dialogue : 배우의 주요 대사
- Time : 촬영시간
  (여기서는 촬영 순서로 활용)

단편 〈푸른 태양〉 스토리보드 중에서

과 에너지를 쏟지 않도록 주의합니다 인물의 시선, 화면 구도, 카메라 움직임 위주로 그려줍니다.

좀더 간단하게 스토리보드를 수정해서 활용할 수 있습니다.

S#	장소		D/N
	내용		

컷	이미지	특이사항(대사, 행동 등)
-		
-		
-		
-		

스토리보드 양식

• #: 씬 넘버를 말합니다. 한 장소에 한 씬이라고 봐도 됩니다. 단, 같은 장소라도 시간대가 달라지면 조명 등 변경사항이 생기므로 씬 넘버를 추가하는 것이 좋습니다.

• 장소: 촬영하는 장소를 기입합니다.
• 내용: 이 씬에서 진행되는 이야기를 간단히 씁니다.
• D/N: 밤인지 낮인지 구분합니다.(Day는 낮, Night는 밤)

숏 리스트는 각 씬 별로 필요한 숏을 목록화한 것입니다. 앵글, 카메라 위치, 배우의 동선 정도를 간략히 표기한 숏 리스트는 촬영감독을 위한 것이라고도 할 수 있습니다. 스토리보드를 사용하면 촬영도 스토리보드대로 하려는 경향이 생기는데 숏 리스트로 만들어놓으면 촬영 직전까지 화면에 대해 좀더 고민하게 된다고 합니다. 숏 넘버는 '1, 1-2'와 같은 형식으로 매겨나갑니다. 피사체를 바라보는 크기, 즉 ELS(Extreme Long Shot), MS(Medium Shot) 등을 표기한 것은 카메라의 위치를 잡기 위해서입니다. 카메라 앵글은 피사체를 바라보는 각도에 따라 로우앵글,

아이레벨, 하이레벨 등이 있습니다. 'Bird Eye View'로 높은 데서 내려다 보는 각도를 설정할 수도 있습니다.

[예시]

단편영화 〈뭉치〉 숏 리스트

S1 Class room

- POV, Mr. Kim walking in hall way

- MS, CU Mungchi playing Guitar

- MS, CU Beauty and sun colouring book, feel annoyed

- WS, Sun asks Mungchi to stop

- MS, CU Sun, Munchi dialogue

- Handheld, Sun Mungchi Fight

- Insert, Other students cheer

- Insert, beauty reaction

- MS, Dirty, Mr.Kim enters the room

- POV, Mr.Kim looking at 2 boys, 2 boys dialogue

- OTS, Mr.Kim asks Mungchi to go with him

- MS, Mungchi looks back at beauty then leave

- POV Mungchi looking at beauty

7. 촬영 장소 섭외와 촬영 일정은?

/

　프로젝트에 따라 다르겠지만, 촬영 장소를 선택하는 데 시간이 꽤 걸립니다. 촬영 장소는 야외, 실내, 실내세트, 야외세트로 나눌 수 있습니다. 야외세트에서 촬영하는 데는 비용이 많이 듭니다. 장편 상업영화에서나 가능하지요. 야외에서 촬영할 때 가장 먼저 고려해야 할 점은 전기사용 여부입니다. 이 조건에 따라서 장비 여건도 달라지는데 전기 사용이 용이하고 비용이 들지 않으며 풍경도 좋다고 해서 촬영 장소로 정할수 있는 것은 아닙니다. 시나리오를 통해 장소 컨셉을 명확히 파악한 뒤에 장소를 알아보아야 하겠죠. 주차할 곳은 있는지, 화장실 사용은 편리한지, 소음 제어가 용이한지, 민원이 제기될 여지는 없는지, 빛이 어떻게 바뀌는지 등 촬영에 제약이 될 만한 요소들을 잘 살펴보아야 합니다.

　지인에게 장소를 빌리는 경우, 촬영 일자와 시간을 넉넉히 잡아 양해를 얻어두어야 합니다. 애초에 말해둔 일정보다 시간이 지체될 시 서로불편한 상황이 생길 수 있습니다. 촬영 전 현장 사진을 찍어두고, 촬영이 끝난 후 원래대로 복구하는 것도 잊지 말아야 합니다. 후반 작업이완료된 후에도 잊지 말고 시사회에 초대하거나 파일을 보내주어 감사의표시를 하는 것이 좋습니다.

촬영 장소 선택 시 확인 사항

1) 렌즈에 따른 카메라 위치
카메라 렌즈를 하나만 사용할 경우에는 문제가 되지 않겠지만 두 개

이상의 렌즈를 사용한다면 카메라 앵글을 확인해보는 것이 좋습니다. 망원렌즈와 광각렌즈로 촬영 가능한 앵글 크기를 파악해둡니다. 실제 카메라와 렌즈를 가지고 갈 여건이 안 된다면 스마트폰 애플리케이션을 사용해 실제 사용할 렌즈의 치수를 대입해봅니다. 특히 촬영 장소가 원룸처럼 작은 공간이라면 밖에서도 실내를 촬영할 수 있는지, 베란다나 야외에 공간이 어느 정도 확보되는지 등을 살펴보는 것이 좋습니다. 그런 후 스토리보드나 숏 리스트를 작성해야 촬영 현장에서 당황하는 일이 줄어듭니다.

2) 촬영하는 시간대의 빛

실제 촬영할 시간대에 촬영 장소를 방문하여 그 시간대의 빛을 살펴봅니다. 빛이 어디서 어떻게 들어오는지, 주변 환경은 어떻게 구성되어 있는지 확인합니다. 예를 들어 조용한 가정집 실내를 촬영해야 하는데 촬영 장소 주변이 유흥가인 경우 낮에는 괜찮겠지만 밤에는 소음과 조명 때문에 연출 의도와는 전혀 다른 분위기의 장소가 될 수도 있습니다. 일출과 일몰 시각은 꼭 확인하여 촬영계획을 세워 낮 씬을 저녁에 찍게 되거나 다른 날에 추가 촬영을 하게 되는 일을 미연에 방지합니다. 'SunSurveyor' 애플리케이션을 사용하면 특정 시간대에 빛이 어디에서 어디로 비치는지까지도 확인 가능하니 참고하세요. Artemis 애플리케이션을 활용하면 내 카메라 렌즈로 어떻게 촬영이 될지 짐작할 수 있어요.

3) 소음 제어 가능 여부

촬영 장소에서 매미 우는 소리 등 외부 소음이 심하게 들린다거나, 층

간 소음이 있지는 않은지 확인합니다. 촬영 시 발생할 수 있는 소음을 미리 확인하고 이에 어떻게 대처할지 생각하고 준비합니다.

4) 장비 세팅 위치

시나리오 내용을 구현해줄 아주 멋진 장소를 찾았고, 카메라 앵글이며 빛, 소리까지 다 확인했는데 장비를 설치할 곳이 없다면 어떻게 될까요? 장비 규모에 따라 다르겠지만 조명기가 들어온다면 각종 스탠드 충전기가 따라오고, 촬영 기법이 다양할수록 여러 기구가 필요한 법입니다. 카메라에 모니터를 연결해 사용할 생각이라면 자리를 제법 차지할 텐데 촬영 장소에 그런 장비를 설치할 공간이 충분히 확보되어 있지 않으면 곤란하겠죠?

5) 촬영 현장 노트

장소에 대한 정보를 빼곡이 적은 노트를 휴대하세요. 스마트폰, 패드, 종이노트 등 상관없습니다. 촬영 장소에 대한 정보가 적힌 노트는 현장에서 보다 융통성 있게 대처할 수 있게 해줍니다. 촬영 장소를 고를 때 참고할 수 있는 사이트도 메모해두세요.

- 스페이스 클라우드(www.spacecloud.kr) : 파티룸, 연습실, 공연장 등 컨셉에 맞는 공간을 대여할 수 있다. 결제가 편리하다.
- 필름코리아(www.filmkirea.or.kr) : 독립영화에 적합한 사이트. 카테고리별로 키워드를 검색하여 해당 장소에 문의해서 사용 가능 여부를 확인한다.
- 로케이션 뱅크(https://cafe.naver.com/locationbank) : 서울에 있는 스튜디오에

대한 정보가 모두 모여 있다.

- 인스타그램(Instagram): 원하는 장소를 해시태그로 검색해 쉽게 찾을 수 있다.

8. 촬영 기본 필수 상식은 챙겼나?

/

연출 감각이 뛰어난 사람도 촬영 과정이 어렵고 두려워 단편영화 제작을 시도하지 못하거나 중도에 포기하는 경우가 많습니다. 촬영 장비에 익숙하지 않으면 어려운 것은 당연하지요. 그럴 때는 제작진 중에 촬영 장비를 잘 다루는 분과 협업하며 준비해나가면 됩니다. 실무적인 지식은 차근차근 알아나가면 됩니다. 모른다고 피하지 않고 알아보겠다는 자세, 처음의 낯섦과 어려움을 빨리 극복하겠다는 태도가 중요합니다.

촬영 규모, 콘텐츠 내용, 작업 인원의 수에 따라 필요 장비의 수와 종류는 천차만별입니다. 영상을 제작하려면 캠코더나 디지털카메라, DSLR, 스마트폰 중 한 가지가 꼭 필요하지요. 최근에는 스마트폰에서도 고화질, 고품질의 경쟁력 있는 영상을 촬영할 수가 있어서 상황에 따라 장점을 활용하며 보완해가며 사용하면 됩니다. 제작하고자 하는 영상의 종류, 장비의 휴대성, 가격, 편의성 등을 고려하여 촬영 장비를 구비하되, 학교에서 학생들이 제작하는 영상이나 1인 영상인 경우에는 스마트폰으로 시작해도 충분합니다. 시작도 하기 전에 장비에 무리하게 투자한다거나, 기술 적응 문제에 부딪혀 시간과 에너지를 소진하지 않도록 주의합니다.

화면비(Aspect Ratio)

스마트폰으로 찍은 영상의 화면 비율은 16:9입니다. 텔레비전 화면 비율이기도 하죠. 영상을 만들 때 화면 비율을 선택하는 기준은 무엇일까요? 영화에서 등장인물 간의 심리 묘사를 주로 하는 경우 가장 많이 사용되는 구도는 1.85:1입니다. 인물보다 전경의 정보를 더 많이 보여주기 위해서는 2.35:1을 사용합니다. 전쟁 영화 또는 자연경관이 강조되는 영화에서 많이 사용하는 비율이지요. 1990년대 텔레비전 화면 비율은 4:3이었습니다. 필름 촬영 시절에도 이와 비슷하게 1.33:1의 비율이 사용되었죠. 등장인물에 좀더 초점을 맞춘 비율입니다. 영화 안에서 화면 비율을 연출 의도에 따라 변형하기도 합니다.

실제 촬영에 들어가기 전에 시나리오를 가지고 몇 개의 씬을 다양한 화면비로 촬영을 시도해봅니다. 스마트폰에서 Filmicpro 등의 애플리케이션으로 촬영 화면비를 변경할 수 있습니다.

화면 비율	활용 예
4:3	등장인물들에 좀 더 초점을 둘 수 있습니다.
16:9	일반적인 TV 사이즈입니다.
1.85:1	TV 사이즈보다 넓은 비율로 일반적으로 극장에서 보는 화면 비율입니다.
2.35:1	주로 자연경관이나 전투 씬 등이 많이 나오는 영화에서 웅장함과 장엄함을 표현하기 위해 사용됩니다. 요사이에는 TV 드라마에서도 쓰이기도 합니다.

프레임

동영상을 물리적으로 환원하면 시간상 연속된 정지 사진들의 모음으로 볼 수 있는데요, 이 각각의 정지 사진 하나를 '프레임'이라고 부릅니다. 이런 정지 사진이 1초에 몇 장 보이게 되느냐에 따라 프레임률Frame Rate이 달라집니다. 단위로는 fps(frames per second)를 씁니다. 영화에서는 카메라 프레임률을 24fps로 맞추고 셔터스피드는 50으로 맞추고 진행합니다. 셔터스피드는 연출하고자 하는 화면의 움직임에 따라 조절합니다.

셔터스피드와 ISO, 그리고 조리개

카메라에서 조리개, 셔터스피드, ISO와의 관계를 이해하는 것이 중요합니다. 카메라가 피사체를 표현하는 원리를 이해해야 원하는 이미지를 얻을 수 있겠죠. 아직 이 관계를 모른다면 SLR 카메라를 작동시켜보면서 이 셋의 관계에 적응하는 것이 필요합니다.

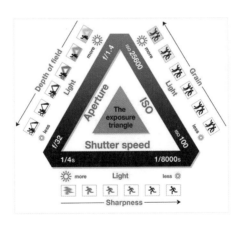

피사체에 초점이 맞은 정도를 심도(Depth of field)라고 합니다. 심도가

깊으면 특정 거리 이후의 피사체도 선명하게 보이고 심도가 얕으면 초점이 맞는 특정 거리만 선명하고 그 뒤는 흐릿하게 보입니다. 심도가 깊어질수록 카메라 센서는 이미지를 정확하게 포착하려고 빛을 많이 흡수하므로 이미지가 점점 어두워집니다. 심도가 얕으면 카메라 센서가 빛을 덜 흡수하므로 이미지가 밝아집니다.

조리개가 열려 있어 심도가 얕음
(빛이 많이 들어옴)

조리개가 닫혀 있어 심도가 깊음
(빛이 적게 들어옴)

셔터스피드(Shutter speed)는 이미지가 촬영되는 속도입니다. 셔터스피드가 느릴수록 카메라가 초당 촬영하는 이미지가 적어져 빛을 더 많이 흡수하게 되어 노출값(밝기)이 높아집니다. 셔터스피드가 높으면 초당 촬영하는 이미지 수가 늘어나 노출값(밝기)이 낮아집니다.

ISO는 이미지를 구성하는 입자의 감도입니다. 이 수치가 높을수록 이미지 입자가 거칠어집니다. 수치가 낮을수록 이미지 입자가 고와 선명도가 좋아집니다. (렌즈를 보면 F값이 나오는데 F값이 낮을수록 심도를 더 얕게 할 수 있고, 심도가 얕다는 건 화면의 초점이 좁아진다는 말입니다. 이미지의 노출값은 더욱 밝아집니다.)

숏 vs 컷

숏과 컷은 어떻게 다를까요? 숏은 촬영용어이고 컷은 편집용어입니다. 숏(Shot)은 카메라로 촬영 버튼을 눌러 녹화를 시작하고, 정지 버튼을 눌러 촬영을 마친 영상입니다. 컷(Cut)은 편집할 때 숏과 숏 사이를 일컫습니다. 그런데 편집할 때 한 숏을 컷이라고 부르기도 합니다. 방송업계에서는 편집할 때 한 숏을 '클립'이라고도 합니다.

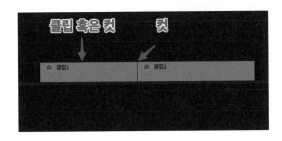

광각렌즈 vs 망원렌즈

DSLR을 사용하는 경우에는 렌즈를 구매하거나 대여하게 될 텐데요. 그럴 경우 연출의도에 따라 주인공이 어떤 모습으로 비춰질지를 생각해서 선택하면 됩니다. 광각렌즈는 인물의 이미지를 갸름하게 만들어주고, 화면의 움직임에서는 몽환적인 분위기를 연출할 수 있게 해줍니다. 망원렌즈로는 피사체를 좀더 볼륨감 있게 표현할 수 있습니다. 렌즈를 통해 촬영할 장면을 미리 확인해두면 좋습니다.

자동초점 vs 수동초점

수동렌즈를 활용하면 줌렌즈보다 훨씬 부드럽게 본인이 원하는 속도로 초점에 변화를 줄 수 있습니다. 초점을 바꾼다는 것은 연출자가 보여주고 싶은 피사체가 바뀐다는 것을 의미합니다. 삼각대를 고정한 상태에서 숏의 초점을 움직여주면 숏 안에서 관객의 시선을 연출자가 원하

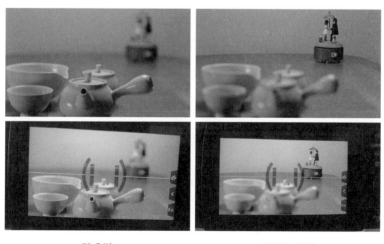

컵 초점   오르골 초점

는 방향으로 유도할 수 있습니다. 만약 스테디캠이나 짐벌 혹은 핸드헬드로 촬영하는 경우에는 다른 한 명이 보조를 하면서 초점을 맞추기도 하는데 이를 '팔로우 포커스'라고 합니다.

이솔샘의 돌발 질문

Q. 촬영 전, 보험은 들었나요?

A. 예산도 빠듯한데 보험까지 들기는 어렵겠다고 생각할 수 있지만 현장에서는 예상치 못한 문제와 사고가 발생할 수 있습니다. 마음 맞는 사람들과 즐겁게 창작활동을 하는 것은 좋지만 현장에는 변수가 참 많습니다. 조명기기와 바닥에 깔린 선 등 사고 위험요소가 곳곳에 포진해 있는 것이 촬영 현장입니다. 특수효과를 잘못 사용하다가 촬영 장소의 물품이나 바닥재를 훼손해 피해보상으로 골머리를 앓게 되는 일도 있습니다. 보험료는 1일 기준 몇천 원에서 수만 원까지 다양합니다. 가급적 부담할 수 있는 선에서 보험을 들어두는 것이 마음도 편하고, 제작진이나 도와주시는 분들께도 한층 신뢰감을 주는 요소가 됩니다.

프로덕션
production

설렘과 긴장

프로덕션이란?

실제 촬영이 시작되는 순간부터
촬영이 마무리될 때까지
촬영과 관련된 모든 활동을 말한다.

프로덕션에 임하는 자세

1. 내 역할을 성실히 수행하자.
2. 예상치 못한 상황에 당황하지 말고 융통성 있게 해결하자.

실제 촬영에 들어가는 첫날은 어떤 느낌일까요? 어떤 사람은 신나고 즐겁지만, 어떤 사람은 두려움에 떨 수 있습니다. 수많은 변수가 생기는 현장에는 무슨 일이 생길지 모르고, 그 예측 불가능함은 사람을 긴장시킵니다. 두려움을 자신감으로 바꾸는 나만의 비결이 있다면 도움이 되지 않을까요? '내 역할에 집중하자'라고 마음을 가다듬고, '혹여 예상치 못한 상황이 생기더라도 융통성 있게 해결하면 된다'고 생각하면 긴장이 한결 누그러질 거예요.

자신이 맡은 역할에 충실하기 위해서는 어떻게 해야 할까요? 각각의 씬을 구현하기 위해 감독, 촬영, 조명, 미술, 소품, 장소 담당자들과 함께 필요한 것을 토의하고 그 내용을 기록해둡니다. 이것을 '씬 브레이크 다운'이라고 합니다. 이렇게 완성된 씬 브레이크 다운을 통해 일일 촬영표를 작성합니다. 씬 브레이크 다운에는 각각의 씬에서 파트별로 각기 필요한 사항 및 특이사항이 기록되어 있고 일일 촬영표에는 실제 스케줄에 따른 필요 물품이 정리되는데, 이둘을 섞어서 일일 촬영 계획표로 작성하기도 합니다.

하나씩, 한걸음씩
프로덕션의 정도를 걷자

영화 촬영 5단계

/

1. 블로킹(동선 리허설)

배우들이 카메라 앞에서 어떻게 움직이는지 카메라를 통해 확인하는 단계입니다. 어디에서 어디까지 촬영할지 배우와 소통이 잘되면 실제 촬영시간을 많이 단축할 수 있습니다. 내 눈앞에 펼쳐진 모습이 아닌, 카메라 렌즈에 담기는 모습을 확인하는 것이 중요합니다. 배우가 자신의 동선 범위를 쉽게 기억하도록 마스킹테이프를 바닥에 붙여서 진행하면 효과적입니다.

2. 조명

씬에 적합한 빛을 정합니다. 자연스러운 빛인지, 인위적인 빛인지, 방향에 따라 순광·역광·측광·산광으로 결정합니다. 광질에 따라서 소프트한 빛, 하드한 빛으로도 구분할 수 있습니다. 원하는 빛의 크기에 따라서, 거리에 따라서 가깝게 혹은 멀리 배치해 조정합니다. 한번 조명 세팅이 된 장면을 재촬영하는 것은 비효율적이므로 해당 조명에서 필요한 씬은 촬영을 마치도록 합니다.

3. 리허설

배우 및 촬영 스태프들과 함께 촬영 내용을 시연해봅니다.

4. 수정

블로킹, 연기, 조명, 소품 등 리허설을 통해 제기된 세부적인 조정사항을 반영합니다.

5. 촬영

본 촬영에서는 여러 가지 도구가 동원됩니다. 영화의 규모와 성격에 따라 다양한 장비와 도구가 있지만 여기서는 단편영화에서 주로 사용하는 물품에 대한 설명과 사용 요령을 정리했습니다.

촬영용 문서	시나리오	어떤 내용의 이야기를 촬영하는지 제작진과 배우가 알 수 있다.	
	스토리보드	시나리오가 그림을 번안된 것. 어떤 내용의 이야기를, 어떤 이미지로 표현할지 제작진과 배우가 알 수 있다.	
	숏 리스트	스토리보드를 바탕으로 촬영감독이 작성한다. 각 씬에 어떤 카메라와 렌즈를 사용해 어떤 움직임으로 촬영할 것인지에 대한 계획이 담겨 있다. 스토리보드 없이 숏 리스트로 카메라 움직임의 가능성을 열어놓는 것이 선호되기도 한다.	
	씬 브레이크 다운	각 씬을 위해 연출, 촬영, 미술, 소품 파트에서 필요한 것을 정리한 문서. 상황에 따라 몇 가지 파트별 리스트로 대체하기도 한다.	
	일일 촬영 계획표	영화 촬영의 시간표. 시간대별로 장소와 출연 배우 등 필요한 내용이 기록되어 있다.	
촬영용 물품	슬레이트	촬영 정보를 나타낸다. 분필용보다는 보드 마커용 슬레이트를 사용하는 것이 현장에서 슬레이트를 지우고 다시 쓰는 데 더욱 효율적이다.	
	카메라 및 렌즈	제작에 필요한 사양과 허용 예산에 따라 카메라와 렌즈를 구비한다. 용도에 따라 드론, 고프로 등의 특수목적용 카메라가 동원되기도 한다.	
	카메라 고정 및 이동 물품	카메라의 움직임을 표현하기 위한 스테디캠, 카메라의 부드러운 움직임을 위한 짐벌, 카메라의 고정과 틸트(상하), 패닝(좌우)을 위한 삼각대, 하이앵글에서 다양한 앵글을 촬영하기 위한 크레인, 트랙을 설치해서 부드럽게 카메라를 움직이게 하는 달리(dolly) 등이 있다.	
	오디오	붐 마이크 세트, 무선 마이크 세트, 의료용 테이프	붐 마이크를 잡고 녹음할 때는 손의 마찰이 녹음되는 것을 막기 위해 부드러운 장갑을 끼는 것이 좋다.
		카메라용 샷건 마이크	현장 편집시 오디오를 참고하기 위한 용도로 사용한다.
		무선 마이크	좀더 고음질의 대사를 녹음할 때 붐 마이크가 닿지 않는 거리에서 사용한다. 옷깃이 스치는 소리가 녹음되거나 옷깃 등에 가로막혀 녹음이 잘 안 되거나 하는 경우가 발생할 수 있으므로 리허설 시 사운드를 꼼꼼히 체크해야 한다.
	미술품 (집게, 컬러젤, 셀로판지, 개퍼용 테이프, 마스킹 테이프, 스토퍼웨지)	집게는 조명기 앞에 디퓨전이나 컬러젤 연결시 사용하며 개퍼용 테이프(촬영현장에서 요긴하게 사용되는 테이프로 끈적임이 덜하고 접착력이 좋다)는 물건과 물건을 붙일 때 쓰면 좋다. 흔히 쓰는 녹색 테이프는 자국이 많이 남아 깨끗이 복구하기가 어렵고 유리 테이프는 접착력이 떨어진다. 마스킹 테이프는 배우들의 블로킹이나 촬영시 초첨 변화를 줄 때 유용하다. 스토퍼웨지는 물건의 수평을 맞출 때 사용한다.	

*일일 촬영 계획표 예시1

M(morning): 아침 · D(day): 주간 · E(evening): 저녁 · N(Night): 밤

S(set): 세트 촬영장 · O(Open set): 실내 · L(Location): 야외

일루앤	3회차	날씨	맑음	최고온도 30 도 최저온도 18 도		집합시간 및 장소				감독	유OO
연도	월 일 요일	입출	5시 17분 입몰 19시 41분	비율화몰 60%(27일 새벽)	1차	2차	3차	4차	PD 조감독	김OO 이OO
2019	5 26 일				동국대	용산구 독서당로	영등포구 사마산로	동작축석료		

S#	장소	촬영내용	S/O/L	컷수	장면내용	등장인물 본무 경변 희정	단역 및 보조출연	컷 순서
6	상영관	동대 문화센터	M	O	7	상영관에서 임마에게 존 윤자를 확인하는 연우	현		7.2, 4,6,5,1,2
18	주점	써니과지클럽	N	O	5	경변에게 질타당을 받고 대드는 변우	현 경 희		1.5, 2,3
1	빨래방	번데이빈드로	N	O	3	서울 빨래하는 변우	현		1.2,3
23	빨래방	번데이빈드로	N	O	2	빨래방에서 통여오는 마도 소리	현		1, 6, 4, 3, 2, 5
7	PC방	딩해이티시방	D	O	4	화면의 연락을 못 앞고 게임하는 변우	현		4, 1, 2, 3,
17	PC방	딩해이티시방	D	O	10	구직 사이트를 본다 개범하는 변우	현		1, 9, 7, 8, 2-6
16	극장복도	미스 아드나님	M	O	3	극장 복도의 유스타를 보며 치점과 종화하는 변우	현		1, 5, 4, 2, 3

연출부		제작팀		의상		촬영			Time Table
						조명		시간	장소	세부일정
								15:00	동대	집합 및 셋팅(제소인원)
								16:00	동대	변우룸 / S#6 촬영시작 / 주점 비욜 셋팅
								17:30	이동및 식식	
								18:00	써니미식	S#18 리허설시작
								18:30	써니미식	S#18 촬영시작
								24:00	써니미식	S#18 촬영종료 및 이동
								01:00	선데이빈드로	S#1, #23 촬영준비 및 시작
								04:00	선데이빈드로	S#1, #23 촬영종료 및 이동
미술/소품		특효/ CG		분장/ 특분		스탭		05:00	딩해이PC방	S#7, #17 촬영준비 및 시작
						연출 / 제작 / 미술		07:00	딩해이PC방	촬영 종료
						스크립터		08:00	써니미식	S#16 촬영시작
						현장편집		01:30	이수어트시방	촬영종료
						VFX		20:30	PC방	S#12
						기술 스탭		22:00	극장복도	S#3-13, 촬영종료
						촬영딩	동시녹음		기타사항	
						총인원 11명 (스탭 9명 / 배우 2명)				

일일 촬영 계획표 예시 1

2020.4.30. OO초등학교

○ 배우: A교사(정OO), IT전문가(김OO). 따뜻한 경력샘(주OO), 학생1(   ), 학부모1 목소리(장OO), 스탭1(   )
○ 스탭: 연출/촬영(김OO), 제작/조연출(임OO), 소품/메이킹(박OO), 슬레이터/스크립터(차OO), 제작지원/배우(김OO)

촬영 순서	씬	장소 (내용)	등장인물 A교사 해민샘	능력자 형오샘	경력자 소영샘	학생1	학부모1 내연샘	스탭1	소품	유의사항	촬영시간
1		룸톤								조용한 교실에서 룸톤 녹음	09:40-10:00
2	#2	학교 출근길	○					○	마스크, 열감지기, 손소독제		10:00-10:30
3	#3	교실1 (바쁜 학교 생활에 버벅이는 모습)	○						상담일지(다이어리), 밴드 학생 성과물 사진, 컴퓨터, 교과서(수학, 수익)	형오샘이 일반에서 짼매신저 보내기	10:30-11:50
4	#5	교실1 V.O 우리 학년부장샘은 지금 어떻게 게...	○								11:50-12:00
5	#4	교실2 (IT전문가 형오샘의 화려한 수업)		○					안경, 듀얼모니터, 빨빨, 화려한 장비 상자 Zoom	Zoom 프로그램 구현	13:00-14:00
6	#6	교실3 (경력샘과 학부모의 전화통화. 그림책)			○		○		그림책, 안경줄 지바라(스마트폰 삼각대)		14:00-15:00
7	#9	교실1 (다시 힘내서 PPT 완성하는 교사)	○						컴퓨터 PPT 화면 다이어리 체크리스트	체크리스트 내용 고민	15:30-16:00
8	#7	교실1 (다시 정신 차리고 학생 전화 받고)	○		○				컴퓨터 PPT 화면 스마트폰 통화	교사, 학생 전화 장면	16:00-16:30
9	#8	운동장 (물과 테이프를 학생에게 건네주는 교사)	○		○				풀, 테이프, 간식(자유시간)		16:30-17:00
10	#10	운동장 (퇴근길 운동장을 걸어 나가는 교사)	○						가방		17:30-17:40

* 확인할 것: 간식 및 점심(도시락 먹을 장소), 룸톤 녹음, 각종 소품 챙기기, 컴퓨터 화면 사진 셋딩, 뒷마무리(장비), 배우(학생, 소영샘) 오는 시간 확인

일일 촬영 계획표 예시 2

촬영 현장의 필수 체크리스트
/

촬영 기본 역량 탑재

촬영모드는 수동(매뉴얼)모드로

스마트폰의 카메라 기본 애플리케이션을 활용해서 촬영할 수도 있지만 기왕이면 카메라 전문가 모드 혹은 촬영 전문 애플리케이션을 내려받아 사용하는 것이 좋습니다. 조리개, 셔터스피드, ISO, 색온도 등을 조절할 수 있는 애플리케이션을 설치합니다. 대표적인 애플리케이션으로는 'Flimic pro'가 있습니다. DSLR 이상의 카메라를 가지고 있다면 Auto모드는 접어두고 M모드를 사용하는 게 좋겠습니다. 카메라의 노출을 조절할 수 있으니까요. 초점도 수동 초점모드를 사용하세요.

프레임 설정은 24fps

영화에서는 24프레임(초당 24장)으로 씁니다. 이것은 기술적인 이유라기보다는 영화가 처음 시작할 때 필름을 아끼는 가장 효율적인 환경이 24프레임이어서 그렇게 진행이 되었고 지금까지 일반인에게 영화는 24프레임으로 보는 것으로 인식되었습니다.

셔터스피드는 1/50

셔터스피드는 카메라가 빛에 노출되어 있는 시간을 말합니다. 24프레임의 영화에는 1/50으로 설정하면 됩니다. 절대적인 것은 아닙니다. 연출자 의도에 따라 조절하면 됩니다. 셔터스피드를 낮춰서 화면 안에 잔상이 남는 표현을 할 수도 있고, 반대로 셔터스피드를 높여서 화면은 선명하지만 끊어지는 느낌을 낼 수도 있습니다.

화이트 밸런스 맞추기

카메라 색온도를 화이트 밸런스로 조절합니다. 인물의 피부톤을 맞추기 위해 화이트 밸런스를 조절하기도 하지만 영화 전체의 분위기를 위해 푸른빛 또는 노란빛을 표현하기도 합니다. 카메라의 WB 메뉴에서 프리셋을 통해 화이트 밸런스를 맞출 수 있습니다. 전문 사용자 모드에서 색온도를 나타내는 수치인 캘빈값으로 화이트 밸런스를 조절할 수도 있습니다. 일반적으로 태양광이나 형광등 아래에서는 5600K, 텅스텐등 아래에서는 3200K로 맞추는데 실제 환경에 따라 모니터로 확인하면서 캘빈 값을 조정하는 것이 좋습니다.

영상에 검은 줄이 나타났어요!

촬영하는 도중에 검은 줄이 화면에 나타나는 경우가 있습니다. 인공 조명 아래에서 촬영할 때 발생하는 현상이죠. 예를 들어 형광등은 계속 밝게 빛나는 것 같지만 실은 계속 깜빡이고 있습니다. 다만 그 깜빡이는 주기가 굉장히 빨라서 우리가 느끼지 못하고 있을 뿐이죠. 그 깜빡이는 주기와 카메라 셔터스피드 간의 간극 때문에 화면이 깜빡이는 플리커 현상이 생깁니다. 이런 경우 카메라의 싱크로 스캔 기능 등으로 셔터스피드를 조절해 검은 줄이 사라지는 지점을 찾아서 설정해주면 됩니다.

더 간단하게는 형광등 조명을 LED로 교체하면 됩니다.

ISO는 1600 이하로

밝기에 관여하고 화질에도 큰 영향을 미치는 ISO는 카메라와 렌즈에 따라 천차만별이지요. 저녁에 특히 노이즈가 심하게 나타나는데요, 상황별로 ISO값에 따른 테스트 영상을 촬영하고 컴퓨터에서 확인해봅니다. 기종에 따라 다르지만 보통 ISO1600 이하로 설정해 촬영을 진행합니다.

특별한 위치와 각도로 촬영할 필요가 있을 때, Hihat 같은 낮은 삼각대가 있으면 로우앵글을 손쉽게 촬영할 수 있습니다. 낮은 삼각대가 없다면 도어 웨지를 활용해도 됩니다. 두세 개를 결합해 다양한 방식으로 사용할 수 있습니다. 야외에서 쓰는 삼각대를 실내에서 사용할 경우 바닥이 더러워질 수 있는데요. 그럴 때 의자용 긁힘 방지 커버를 사용하면 좋습니다,

삼각대 활용법

의자 긁힘 방지 커버

실외 사용 시

실내 사용 시

일상용품으로 연출하는 렌즈 특수효과

1) 유리테이프

투명한 유리테이프를 활용하면 미스트렌즈로 표현할 수 있는 '뽀샤시' 효과를 낼 수 있습니다. 유리테이프를 잘라 카메라 렌즈 앞에 씌워줍니다. 값싼 유리테이프와 약간의 수고로 미스트렌즈의 몽환적 이미지를 만들 수 있다면 시도해볼 만하겠죠?

단편 〈뭉치〉 중에서

2) 비닐랩과 바셀린

투명한 비닐랩을 사용하면 유리테이프를 쓴 것보다 좀더 극적인 효과를 낼 수 있습니다.

준비물

투명비닐랩   바셀린   고무줄

활용법

1. 비닐랩을 렌즈 에 씌우고
   고무줄로 고정합니다.

2. 손으로 바셀린을
   랩에 살살 발라줍니다.

촬영 예시

투명 비닐랩 사용(X)

투명비닐랩 사용(O)

　3) 셀로판지

　카메라 렌즈에 셀로판지를 부착해 활용하면 다양한 색감을 연출할 수 있습니다.

다양한 앵글 연출

　여기까지 잘 따라오신 분들도 이쯤되면 알아야 할 것도 필요한 장비도 참 많다는 생각이 드실 것 같아요. 특히 조명은 영화 제작과정에서도 전문적인 분야이긴 합니다. 그래도 어렵게만 생각할 필요는 없어요. 일상생활 속에서 이런저런 아이디어를 떠올려 창의적인 앵글을 연출해보면 뜻밖의 효과와 즐거움을 얻을 수 있습니다.

그림자 만들기

두꺼운 종이로 창문에 비친 그림자를 만들 수 있습니다. 우리가 원하는 곳에 항상 창문이 있거나 창문이 있는 곳에 늘 빛이 비치는 것은 아니죠. 인공 조명을 쓸 때 하드보드지로 창문 그림자를 만들면 좀더 입체감 있고 연출 의도에 맞는 이미지를 만들 수 있습니다.

창문이 없을 때 그림자   창문이 있을 때 그림자

왼쪽 이미지를 오른쪽 이미지로 바꾸는 방법은 복잡하지 않습니다.

준비물

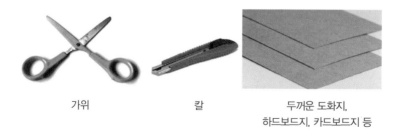

가위   칼   두꺼운 도화지,
하드보드지, 카드보드지 등

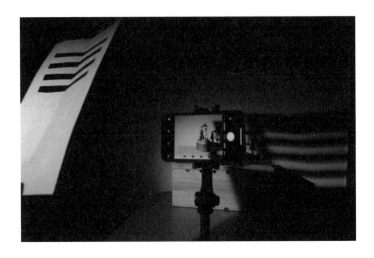

두꺼운 도화지를 오려서 창문 모양을 만든 다음 피사체와의 거리를 조절해서 촬영하면 벽에 비친 그림자가 창문에 비친 그림자가 됩니다. 피사체와의 거리가 가까워질수록 그림자가 선명해지고 멀어질수록 흐 릿해집니다.

위에서 아래로 찍는 직부감 숏

장편 상업영화에서는 썬 짚이나 크레인을 이용해서 직부감 숏을 구현 하곤 하지요. 단편영화를 제작할 때는 금액적인 부담이 커서 좀처럼 장 비를 사용할 엄두를 내지 못하는데 그렇다고 포기할 필요는 없습니다. 비슷한 효과를 낼 방법을 생각해보면 늘 길은 있더군요.

방송부 마이크대를 활용해보았습니다. 마이크 스탠드에 카메라를 장 착하고 카메라 거치대를 연결합니다. 마이크 스탠드에 변환 어댑터, 카 메라 거치대를 연결했습니다. 마이크 스탠드 높이만으로 충분하다면 다 행이지만 좀더 높은 곳에 카메라를 올려야 하는 경우가 있습니다.

준비물

마이크 스탠드

5/8인치 to 1/4인치어댑터 or
3/8인치 to 1/4인치.

핸드폰 거치대

　　그럴 때는 렌탈숍에서 저렴하게 빌릴 수 있는 C-Stand를 활용해서 연결하는 방법이 있습니다. '조이포토'라는 관절형 암을 이용하거나 볼 헤드가 있는 작은 삼각대를 C-Stand에 장착해서 사용할 수도 있습니다. 원하는 게 있다면 포기하지 말고 유튜브를 검색하는 등 여러 촬영 사례를 응용하여 다양한 시도를 해보길 바랍니다.

카메라의 안정성을 위해 브라켓을 이용해 장착하는 방법도 있습니다.

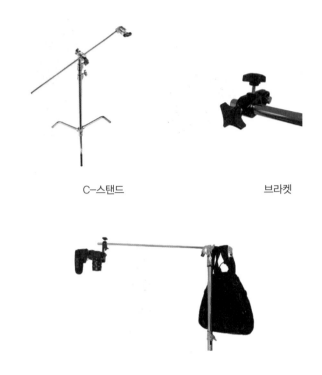

C-스탠드   브라켓

C-Stand는 꽤 무게가 있으니 주의해야 합니다.

조명 기본 역량 탑재

단편영화를 제작할 때 조명을 원하는 대로 쓰기가 쉽지 않지요. 예산
이 빠듯하고 일정도 넉넉하지 않을 테니까요. 야외에서는 태양이라는
광원이 시시각각 변화하고 실내에서는 조명기기가 움직이는 데 한계가

있기 마련입니다. 카메라에 잡히지 않는 범위 안에서 연출이 의도하는 대로 조명의 각도를 잡는다는 건 전문 조명감독이 아니면 해내기 어려운 일이겠지요, 그렇다고 아무것도 시도할 수 없다는 건 아닙니다. 기초 개념을 이해하고 사례를 들여다보면 누구든 현장에서 멋지게 응용해 원하는 조명 효과를 낼 수 있을 겁니다.

자연 조명 vs 인공 조명

당연히 자연 조명이 돈도 안 들고 리얼리티를 살릴 수 있으니 좋겠죠. 하지만 태양 광원은 매초 바뀌는 것이기 때문에 한 장면을 오래 촬영하다 보면 화면의 빛이 달라져 시간차가 있는 촬영을 했을 때 숏간 연결성이 떨어질 수 있습니다. 자연 조명으로 촬영한다고 해도 보조 도구가 필요하겠지요. 광원이 너무 셀 때는 디퓨전을, 빛의 대비가 강한 경우에는 반사판을 활용해 조절합니다.

인공 조명을 활용할 때에도 고려할 점이 많습니다. 우선 조명을 세 가지로 나눠볼 수 있습니다.

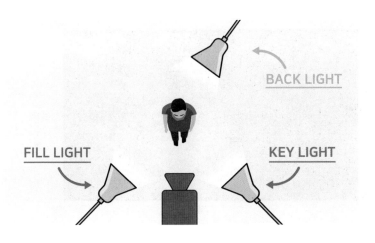

1) 키라이트(Key Light) : 주요한 피사체를 향해 비추는 조명입니다. 씬의 주요한 부분에 쓰며 피사체를 기준으로 15도에서 75도 범위 안에서 비춥니다. 일반적으로 45도 위치에 키라이트를 설치합니다. 인물의 코 옆으로 역삼각형을 만든다고 생각하면 수월하게 설치할 수 있을 거예요. 이때 카메라 쪽이 아닌 인물 쪽 45도 위치에 조명을 세워두면 코 옆에 역삼각형 빛이 생기는데 이러한 구도가 좀더 인상적인 이미지를 만드는 데 도움이 됩니다.

2) 필라이트(Fill Light) : 키라이트의 반대쪽을 비춥니다. 원하는 콘트라스트에 따라 빛의 양을 조절합니다. 키라이트로 인해 반대쪽에 생긴 그림자를 정도를 조절하는 역할을 하는 조명으로 그림과 같이 설치하되 일반적으로 키라이트 광량의 절반을 사용합니다. 키라이트와 같은 광량을 사용하면 피사체가 받는 광량이 같아져서 인물이 평면적으로 보입니다.

3) 백라이트(Back Light) : 피사체의 뒤를 비춥니다. 피사체 형태의 가장자리에 연하게 빛을 만들어줍니다. 배경과 등장인물을 분리시켜줘서 공간감이 생깁니다. 피사체의 뒤에 키라이트 쪽으로 설치합니다.

참고:
램브란트 라이트

이러한 조명을 보조해주는 반사판과 고보가 있습니다. 반사판은 빛을 반사하고 고보는 빛을 차단합니다. 우드락이나 스티로폼은 영상을 제작하는 분이라면 필수품이라는 것을 잘 아시겠지요. 피사체를 좀더 아름답게 만드는 간편한 마술이랄까요? 접을 수 있는 반사판도 있습니다.

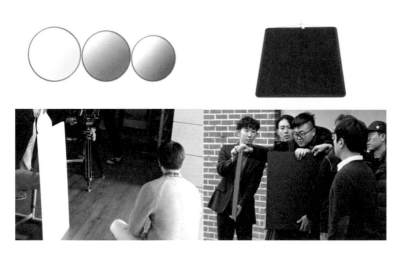

반사판 대신 우드락을 사용   고보 대신 검은색 우드락을 사용

인터뷰용 조명 세팅

반사판이 우드락이나 스티로폼보다 꼭 좋은 것은 아닙니다. 지나친 빛 반사가 역효과를 낼 수도 있으니 꼭 리허설을 통해 확인해야 합니다.

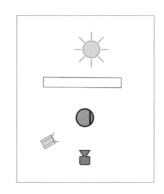

촬영배치도

| 피사체의 실루엣만 보임. (적정 노출) | 피사체가 보이긴 하지만 배경이 지나치게 배경이 밝음. 배경이 너무 밝아 포커스를 맞추기 어려움. (과노출) | ND필터를 씌우거나, ISO를 조절하여 노출을 어둡게 하고 조명 하나를 피사체에 비추어 연출함. |

피사체가 가장 잘 드러난 이미지를 골라보세요. 조명 하나와 약간의 카메라 조작으로 전혀 다른 이미지를 연출할 수 있습니다.

조명 설계 순서

조명을 설계할 때는 피사체에서 시작하지 않고 반대로 합니다. 큰 면적에서 시작해 작은 면적 순서로 설계합니다.

1) 리허설 확인(블로킹 확인): 배우의 동선을 확인합니다.

2) 카메라 앵글 확인: 화각을 고려하여 렌즈를 선택해 설정합니다.

3) 배경 라이트(Background Light) 확인: 화면상의 배경에 비추는 빛을 확인하고 필요에 따라 가감합니다.

4) 앰비언스 라이트(Ambience Light): 배경과 피사체 간의 빈 공간을 채워주는 조명입니다. 이 조명을 통해서 전경과 배경이 분리되기도 하고 부드럽게 연결되기도 합니다.

5) 백라이트(Back Light): 피사체와 배경을 분리해주기도, 연결해주기도 합니다. 배경과 같은 색으로 할지 아니면 키라이트 색으로 할지

는 상황에 따라 결정합니다.

6) 키라이트(Key Light) : 주요 피사체에 비추는 빛입니다.

7) 필라이트(Fill Light) : 키라이트의 빛이 너무 강렬할 때 그 반대쪽에 빛을 채워주는 역할을 합니다.

조명 설계 요령

1) 가장 어두울 것을 계산하고 조리개를 조절해서 노출을 맞춥니다.

2) 밝은 실내에서도 심도를 올려 노출을 낮추고 인물에 강한 라이팅을 통해 배경을 어둡게 해서 인물을 강조할 수 있습니다.

3) 인터뷰 형태로 촬영 시 공간감을 나타내려면 카메라와 인물, 인물과 배경을 멀게 하는 것이 좋습니다.

4) 촬영 장소에 도착하면 전구 스위치부터 껐다 켜서 촬영장의 노출 변화를 확인합니다.

5) 색을 여러 가지 섞어서 쓰기 좋은 색온도는 4300~4500입니다.

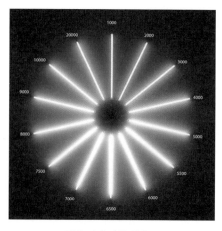

캘빈 값에 따른 색온도

6) 낮에 최소 장비로 인터뷰 형태의 촬영을 할 때는 키라이트만 쓰고 ND필터를 끼워서 사용하면 인물을 살리고 배경을 죽일 수 있어 좋습니다.

7) 스태프들과 소통할 때는 주관적인 표현(좀더 좀더, 위로 위로)보다는 명확하게 수치로 일러줍니다.

8) 스타킹을 렌즈에 씌워서 필터 효과를 줄 수도 있습니다. (다양한 아이디어를 실험해보세요.)

9) 실내 촬영일 경우 형광등 가장자리로 신문지를 붙여 확산광을 막으면 색다른 콘트라스트의 숏을 촬영할 수 있습니다.

참조: 추경엽의 조명 강좌

파트별 역할

1. 연출

1) 감독

시나리오를 시각적, 청각적으로 구체화할 비전을 가지고 연출하는 역할을 합니다. 촬영계획표, 스토리보드, 숏리스트 등을 참고하여 배우와 호흡하면서 연출을 합니다. 단편영화에서는 감독이 많은 역할을 맡는데 조감독, 스크립터, 프로듀서 등과 역할을 최대한 나눠서 연출에 집중할 수 있도록 조율하는 것이 중요합니다. 감독이 구현하려고 하는 비전을 가지고 연기 및 촬영 상황 등을 이끌어갑니다. 영화제작은 즉흥적인 연기가 아닌 여러 촬영본을 조각하여 하나로 만드는 긴 과정입니다. 촬영 일정 동안 지치지 않게 컨디션을 조절해야 합니다.

2) 스크립터

현장에서 감독과 촬영감독 옆에서 각종 촬영 및 현장 정보를 기록합니다. 촬영된 영상 및 사운드의 OK, NG, KEEP 뿐 아니라 숏과 숏 씬과 씬의 연결이 도움이 될 만한 모든 것들을 기록해 놓습니다. 필요에 따라서는 촬영된 영상의 사진을 찍어두기도 합니다. 스크립터의 역할을 성실히 수행해낼수록 감독이 연출의 결을 촘촘히 짤 수 있습니다. 촬영 상황과 스크립터의 역량을 고려하여 자세히 기록할 수도, 간단히 기록할 수도 있습니다.

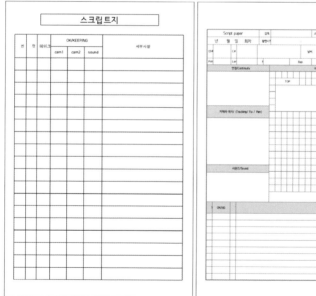
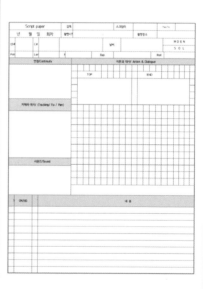

스크립트지 예시

3) 프로듀서

단편영화의 프로듀서는 연출을 제외한 모든 일을 담당합니다. 장소 대여, 제작진 식사 준비, 물품 구매, 확인 등 제작이 원활하도록 행정적, 재정적으로 지원합니다.

● 슬레이트(클래퍼보드)와 함께 촬영 시작하기

슬레이트는 왜 필요할까요? 영상과 소리의 싱크를 맞추기 위해서입니다. 후반 편집 작업시 카메라 영상과 함께 녹음된 소리와 외부 마이크로 녹음된 소리의 싱크를 맞출 때 화면에 보이는 슬레이트가 가이드가 되어줍니다. 슬레이트에 기록된 촬영 정보는 이 촬영본이 시나리오의 어느 장면, 어느 부분인지 알려줍니다.

슬레이트 치는 방법

1) Prod. No. : 프로젝트 제목을 적어주세요.

2) Scene : 씬 넘버를 씁니다.

3) Roll : 몇 번째 저장장치(SD카드, 하드드라이브)인지 기록합니다. 예전에는 필름을 담는 통을 뜻했지만 영상 촬영기기가 디지털로 바뀌면서 디지털 저장장치에 몇 번째 사용인지를 뜻하게 되었습니다.

4) Take: 동일 숏의 촬영 횟수입니다. 예를 들어 인물이 물 먹는 장면
   인데 세 번을 촬영해서 NG, Keep(일단 보관), OK가 나왔다면 마지
   막 Take는 3이 됩니다.

5) Director: 감독 이름을 씁니다.

6) Camera man: 촬영감독 이름을 씁니다.

7) Sound: 음향녹음기사 이름을 씁니다.

8) Date: 촬영 날짜를 씁니다. D/N(낮/밤)도 추가해주면 좋습니다.

9) Prod. Co.: 팀명을 씁니다.

촬영 현장 진행법

1) 감독: '촬영 들어갑니다' 하고 외친다. '카메라' 하고 외칩니다.

2) 카메라: '롤링'이라고 외칩니다.

3) 오디오: '스피드' 혹은 '롤링'이라고 외칩니다.

4) 감독: '슬레이트' 하고 외칩니다.

5) 슬레이트: 슬레이트가 프레임에 잘 들어갔는지 확인합니다.

6) 촬영감독: '프레임' 하고 외쳐줍니다.(생략 가능)

7) 슬레이트: 씬, 컷, 테이크를 외칩니다.

8) 감독: '액션'이라고 외칩니다.

9) 3초 뒤 배우가 연기를 시작합니다. 감독이 '컷' 하고 외치면 한 테
이크가 종료된 것입니다.

슬레이트는 대기 모드

카메라에서 롤링을 하기 전에 프레임 안에 슬레이트를 대기시켜 놓는

습관을 들이면 좋습니다. 그렇게 하면 후반 편집 시 파일을 편집 프로그램으로 가져왔을 때 첫 화면에서 바로 슬레이트 정보를 확인할 수 있어 편리하고 시간도 절약됩니다.

2. 배우

영화의 캐릭터를 연기합니다. 배우는 연기를 위해 촬영장에 가지만 연기하는 시간보다 기다리는 시간이 훨씬 더 많을 겁니다. 현장에서 대기하는 시간 동안 사용할 물품을 촬영 전날 미리 챙겨두세요. 연기에 도움이 될 만한 것은 무엇이든 가방에 넣어둡니다. 자료, 노트를 비롯해 캐릭터에 몰입할 때 도움이 되는 음악도 지참합니다. 플레이리스트를 미리 만들어둡니다. 개인 간식과 응급품도 필요할 겁니다. 현장의 음식료 서비스가 아무리 좋아도 혈당이나 컨디션 관리 등 개인적인 부분까지 일일이 챙겨줄 수는 없을 겁니다. 간단히 갈아입고 쉴 수 있는 편안한 옷과 방한을 위한 겉옷 또는 담요가 필요할 수도 있습니다.

blog.christophernicholson.com 참조

3. 촬영

영화의 룩(Look)을 결정하는 촬영은 스토리보드와 숏 리스트에 따라 감독의 의도를 정확히 구현해내야 합니다. 촬영감독이 현장 작업에 능숙할수록 팀원의 효율도 올라갑니다. 촬영시에는 장비의 분실 및 파손, 안전사고의 위험이 항상 따릅니다. 촬영장에 미리 도착해서 촬영장비를 세팅하고 일정 공간을 마련하여 각종 렌즈, 배터리 관련 물품 등을 일목요연하게 정리하면서 촬영해야 합니다.

4. 조명

자연, 인공 빛을 조절해서 영화의 룩을 구현하는 보조하는 역할입니다. 어떤 조명을 사용하느냐에 따라 준비할 장비 및 가용범위에 차이가 생깁니다. 단편영화 현장에서는 되도록 열이 발생하지 않고 휴대가 간편한 LED조명을 사용하는 것이 좋습니다. 필요한 조명을 바로바로 사용할 수 있게 촬영 시간을 미리 계산하여 필요한 배터리와 전원 연결코드 및 연장선 케이블 등을 준비합니다. 충전 및 스탠드를 준비시켜 놓아야 합니다. 일반적으로 조명을 설치하는 경우 시간이 많이 소요되므로 사용 전 미리 충분한 연습을 하고 진행합니다.

5. 프로덕션 디자이너

배우의 연기를 제외한 화면에 나오는 모든 요소를 담당합니다. 화면 속 배우가 연기하는 공간을 감독의 의도에 맞게 연출합니다. 규모가 작은 단편영화에서는 배우의 의상, 헤어 등까지도 관여합니다.

대개 촬영 중보다 촬영 전 필요한 세트 혹은 소품 등을 준비합니다. 현장에서는 가위, 테이프, 메이크업박스 등 이미지를 구현하는데 도움이 되는 물품들을 미리 준비해서 연출의 의도에 맞게 화면을 구현할 수 있도록 합니다.

6. 사운드

단편영화를 처음 촬영하고 편집을 할 때 시나리오 완성도부터 배우의 연기, 카메라 초점 등 어려운 점이 한두 가지가 아니었지만 그중에서도 사운드 문제가 가장 컸습니다. 편집 단계에서 수정하는 데는 한계가 있어 무척 안타깝고 속상했습니다. 촬영할 때 들어간 소리는 일정한 노이즈로 처음부터 끝까지 영상과 함께 존재합니다. 마치 이명처럼 계속되는 소리를 제거할 수 없더군요. 대사 중 노이즈는 더더욱.

영화에서 소리는 매우 중요합니다. 관객 입장에서는 화질이 떨어지는 영상을 보는 것보다 찢어지는 소리를 듣는 게 더 괴롭습니다. 카메라의 초점이 나갔거나 화질이 좋지 않은 것은 별로 신경 쓰지 않는 관객들이 소리가 어색하거나 이상하면 바로 인상을 찌푸립니다. 촬영한 영상의 음성 상태가 좋지 않다면 후시녹음을 활용해볼 수 있습니다. (포스트 프로덕션 단계에서 자세히 안내하겠습니다.)

녹음은 크게 대사, 효과음, 앰비언스(공간음)으로 나뉩니다. 음향감독으로서 가장 중요한 역할은 무엇보다도 인물의 대사를 효과적으로 녹음하는 것입니다.

음향장비는 고급지게

촬영은 스마트폰으로 하더라도 녹음만큼은 최대한 고급 장비를 사용하는 것이 좋습니다. 음향장비는 예산과 사용 목적에 따라 다양한 선택지가 있지만 영화 제작에 일반적으로 사용되는 것은 다음과 같습니다.

붐대 및 샷건 마이크
수음(소리를 모음) 도구다.

녹음수신기
수음된 내용을
디지털로 저장한다.

XLR케이블
마이크와 수신기를
연결한다.

**무선 마이크
송수신기**
소리를 무선으로
전달한다.

음향 장비가 없는 경우에도 방법은 있습니다. 촬영 후 녹음을 따로 진행해 붙입니다. 후시 녹음은 되도록 울림이 적은 실내에서 합니다. 대사를 하는 배우 주변에 스마트폰을 배치하여 녹음하면 효과적입니다.

파일이 탄생하면 즉시 번호와 이름을

영화 촬영 현장에서 털복숭이가 달린 막대기를 들고 하염없이 서 있는 사람을 본 적이 있나요? 그 사람은 벌서고 있는 게 아니라 동시녹음을 하는 중이죠. 이때 스크립터는 녹음 파일 관련 정보도 스크립트에 적어주어야 합니다. 사운드도 테이크별로 OK, Keep, NG 등을 구분해 기록해둡니다. 씬 테이크에 따라 녹음파일을 일일이 저장하지 못한 경우에는 스크립트에 녹음 파일명이라도 적어두어야 합니다. 후반 작업 시 카메라 내부 녹음과 외부 녹음의 싱크를 맞추는 게 어렵지는 않지만 혹시 있을지 모를 변수를 대비해 스크립트에 음향파일 넘버링을 해두어야 합니다. 영상 없이 음향만 녹음하는 경우도 있습니다. 시냇물 소리, 바람 소리 등 현장의 분위기를 더해주는 앰비언스(공간음)를 녹음할 때는 반드시 스크립트에 어떤 내용의 소리인지 자세히 써두어야 합니다. 스크립터가 꼼꼼하게 작성한 스크립트는 후반 작업 시 편집자가 사운드의 내용을 바로 이해하고 효율적으로 작업할 수 있게 해줍니다.

녹음기사는 어디에, 마이크는 어디로

어디에서 녹음을 할지 결정합니다. 여기저기 편할 대로 옮겨다니며 녹음할 수 있을 것 같지만, 촬영장에는 촬영팀과 조명팀도 있고 배우도 움직입니다. 위치를 잘못 잡으면 화면에 그림자로 등장하게 될 수도 있습니다. 이렇게 여러 요소를 고려해 녹음 위치를 정해야 합니다.

붐의 위치는 촬영 화각에 따라서도 달라집니다. 렌즈가 24mm에서 85mm로 바뀐 경우는 넓은 화각에서 좁은 화각으로 바뀌었다는 말입니다. 전체 장면이 나오는 롱숏이나 와이드숏에서 인물에 초점이 되는 미디엄클로즈업숏으로 바뀌면 붐의 위치도 바뀌어야 하는데 그렇다고 무턱대고 인물에게 붐 마이크를 가깝게 들이대면 주변음이 이전 숏에 비해 크게 녹음될 수 있으니 주의합니다.

피사체와 마이크 사이 거리는 50cm에서 1m 사이로 조절하는 것이 좋고, 대화를 녹음할 때는 인물의 입에 초점을 맞추어 녹음하되 공간음을 고려해서 샷건 마이크를 사선이나 수직으로 내려줍니다. 그림자가 드리워지지 않도록 항상 유의하면서 위치를 조정해주세요.

배우를 촬영할 때 사운드 담당은 의료용 테이프를 휴대해야 합니다. 배우의 피부에 직접 마이크를 설치해야 할 때도 있으니까요. 의료용 테이프는 피부색과 비슷해서 티가 잘 나지 않고 땀에 강하며 피부 트러블도 예방합니다.

녹음 상태는 숫자로 확인

녹음기에서 모니터한 소리가 잘 들린다고 녹음이 잘되었다고 생각하면 안 됩니다. 녹음기의 재생 볼륨이 높게 설정되어서 소리가 크게 들리는 것일 수도 있기 때문입니다. 편집 프로그램으로 불러들였을 때 생각보다 소리가 작으면 곤란하겠죠? 그렇다고 볼륨을 올리면 주변 소음도 같이 커지기 때문에 오디오 품질이 확 떨어집니다. 이런 일을 막기 위해서는 녹음할 때 귀를 쫑긋 세워 주변에 다른 잡음이 나지 않는지 잘 살펴야 합니다.

최대한 다른 소음이 없는 상태에서 오디오 눈금이 −18에서 −12 사이에 있는지 점검하고 녹음하도록 합니다. 숏에서 가장 음향 피치가 높은 부분을 미리 확인해두는 것도 녹음 품질을 관리하는 방법입니다.

음향 케이블은 가급적 조명에서 멀리 떨어뜨리세요. 전기 케이블이 노이즈를 발생시키기도 합니다. 아무 이유 없이 노이즈가 들린다면 케이블을 바닥에서 공중으로 띄워서 노이즈 상태를 체크해보세요. 바닥에 고압 전선이 있으면 노이즈가 생길 수 있답니다.

음향 케이블 피복이 벗겨질 때를 대비해 절연 테이프를 휴대할 필요가 있습니다. 영화 촬영 현장이 어두워졌을 경우 사용할 랜턴도 필요합니다.

주변 소음 컨트롤

1) 실내 노이즈를 점검합니다. 모든 전자기기의 전원을 끕니다.

2) 실외 노이즈를 점검합니다. 거리나 상점, 자동차 안이나 건설 현장 등 외부 촬영 현장의 소음은 셀 수 없이 많습니다. 모든 소리를 통제할 수는 없지만 제작진이 다 함께 머리를 맞대고 방법을 찾으면 하나씩 소음을 줄일 수 있습니다. 붐 마이크는 초지향성 마이크입니다. 샷건 마이크 방향에서 오는 모든 소리가 증폭되어 녹음되니 배우 주변에서 어떤 소리가 발생하는지 세심하게 확인해야 합니다.

편한 운동화와 골프 장갑

종일 서서 녹음하면 얼마나 피곤할까요? 꼭 편안한 운동화를 신으시

기 바랍니다. 골프 장갑도 필요합니다. 붐폴을 골프 장갑 낀 손으로 잡
으면 마찰로 인한 소리를 줄일 수 있습니다.

7. 메이킹영상 담당과 데이터 매니저(DMT)

영화를 제작하는 과정을 촬영한 것을 메이킹영상이라고 합니다. 제작
과정을 영화화한 메이킹필름을 내부 시사회 때 상영하면 뿌듯하게 전
과정을 마무리할 수 있습니다. 영화 제작 공정에 대한 피드백 자료로 활
요할 수도 있고, 영화제에 작품 제출 시 사용하기도 합니다. 메이킹영상
을 찍을 때는 제작진 한 명 한 명을 두루 담는 배려가 필요합니다. 영화
는 전문적인 협업과정으로 완성되죠. 매순간 최선을 다하는 제작진은
영화 뒤에 존재하지만, 메이킹필름에서는 주인공이 될 수 있습니다.

DMT(Data Management Technician, 데이터 매니저)는 현장에서 자료를 백
업하는 역할입니다. 자료 백업이 단순한 일로 여겨질지 모르겠지만, 현
장이 긴급하게 돌아가는 와중에 촬영감독이 건네는 SD카드를 오류 없
이 백업하는 일은 매우 중요합니다. 나중에 파일이 지워진다거나 오류
가 나는 등의 사고를 방지하기 위해 데이터 매니저 역할이 꼭 필요합니
다. DMT는 촬영 현장에서 나온 자료를 외장형 하드디스크에 순차적으
로 하나씩 백업합니다. 외장형 하드디스크 두 개에 자료를 한번에 전송
하다가 양쪽에 똑같이 손상된 파일이 저장되는 일이 일어나기도 하니
주의합니다. 고화질로 촬영한 영상을 현장에서 바로 저화질 영상모드인
프록시Proxy로 전환해두면 후반 작업을 효율적으로 하는 데 큰 도움이
됩니다.

일손이 부족한 단편영화 제작 현장에서는 메이킹영상과 DMT를 간

과하기 쉽습니다. 하지만 영화 제작과정을 기록한 영상은 의외로 쓸모도 많고 제작진 모두에게 의미 있는 선물이 되므로 꼭 담당자 두기를 권합니다. 데이터 매니저 역시 다른 역할과 중복해 맡더라도 책임감 있는 담당자가 꼭 있어야 합니다. 현장에서 잘 백업해놓은 자료는 나중에 편집할 때 요긴합니다.

리허설과 촬영

연출자는 의도에 맞는 숏이 진행될 수 있는지 확인합니다. 배우는 자신의 대사와 동선 등을 확인하고 촬영감독은 전후 숏을 고려한 카메라 움직임, 앵글 등을 확인합니다. 조명감독도 자신이 의도한 조명 효과가 화면에 잘 담기는지 확인합니다. 붐 오퍼레이터는 소리가 제대로 녹음되는지 확인합니다. 이 과정에서 새로운 아이디어가 나오기도 합니다. 처음에 계획한 촬영 내용과 방식이 변경되기도 합니다.

촬영 현장 운용 팁

1) 단순한 장면 먼저 촬영하기

촬영팀이 경험이 부족한 경우에는 단순한 부분부터 먼저 촬영하는 것이 좋습니다. 여러 명이 한꺼번에 등장하고 블로킹과 대사가 많은 씬은 나중으로 미룹니다. 이야기의 흐름을 고려해 앞부분부터 촬영하되 융통성 있게 인물과 대사가 적은 부분을 먼저 촬영하면 좀더 원활한 진행을 할 수 있습니다.

2) 컷과 컷의 자연스러운 연결 만들기

영화 속 이야기의 개연성은 관객의 몰입에 중요한 요소입니다. 컷과 컷이 자연스럽지 않으면 개연성이 떨어지게 되죠. 장면들의 자연스러운 연결을 위해 특별히 신경 써야 할 것이 있습니다.

① 숏 사이즈: 대화하는 두 사람 사이에서 오버더숄더숏으로 촬영 시 두 사람의 얼굴 크기가 일정해야 합니다.

② 아이라인: 등장인물의 시선이 다음 숏에서도 유지되어야 연결이 자연스럽겠죠? 대화를 하던 중에 A가 갑자기 왼쪽을 본다면 이야기를 듣고 있는 B 역시 그쪽 방향을 보아야 합니다. 그런데 그 배우가 다음 숏에서 A가 바라보는 쪽이 아닌 다른 쪽을 본다면 이야기의 흐름이 어색해질 수 있습니다.

③ 30도 법칙: 새로운 앵글은 이전 앵글에서 30도 바뀌어서 찍혀야 합니다. 그렇지 않으면 점프 컷이 되어 컷이 튑니다.

④ 180도 법칙: 앵글 변화가 180도를 넘어가면 대화하는 두 인물의 위치가 바뀌어 보여 관객에게 혼란을 줍니다.

⑤ 미술, 헤어, 메이크업 일관성

배경의 조명과 소품 위치가 일치해야 합니다. 같은 씬에서 머리 모양이나 메이크업이 조금만 바뀌어도 어색합니다.

3) 현장 편집 하기

촬영이 끝나면 현장에서 바로 그날 촬영한 컷들을 순서대로 붙여서 가편집본을 만듭니다. 현장 사정에 따라서 여의치 않을 수도 있습니다. 촬영 현장에서 바로 컷을 붙여 가편집본을 만들면 배우와 제작진이 촬영 내용을 공유하면서 즉석에서 의견을 나눌 수 있다는 장점이 있습니다. 그날 촬영이 힘들었다면 편집까지 하는 것이 체력적으로 부담이 될 수도 있지만 현장 편집은 제작진 간의 소통과 팀워크를 높여줍니다. 배우 역시 자신의 연기를 모니터할 기회를 갖게 되면 다음 번 연기에 도움이 되겠죠.

촬영 후 해야 하는 일들

현장을 촬영 전으로 원상 복구

촬영이 끝나면 다양한 감정이 교차합니다. 하지만 빨리 촬영장을 원상 복구하고 물품을 정리해야 합니다. 장소를 대여했다면 사용 시간을 엄수해야 합니다. 촬영장 세팅 전에 찍어둔 사진을 참고해 원래대로 정리합니다. 최선을 다해 완벽하게 복구해야 합니다. 전에 촬영 장소를 빌려준 어떤 분이 피아노 위치가 달라졌다고 속상해하신 적이 있습니다. 물론 우리 제작진은 그 자리가 맞다고 생각해서 돌려놓은 것이지만 집 주인이 보기엔 원래 자리에서 벗어나 있었던 것이죠. 공간의 주인은 아주 작은 변화도 눈치챌 수 있으니 물건을 옮길 때는 돌려놓을 때를 생각해 잘 표시해두어야 합니다.

장비 확인은 두 번씩

자기 물건 관리도 중요합니다. 물품과 케이블에 이름을 붙여놓고, 카테고리화하여 박스에 담아놓습니다. 영화 제작에 관련된 물품들은 대개 고가입니다. 촬영 현장에서는 예정보다 마치는 시각이 늦어지는 경우가 많아서 정리를 대충하거나 하면 나중에 곤란한 상황이 일어나기 쉽습니다. 바로 반납해야 할 렌탈 물품 위주로만 챙기다 보면 개인 물품은 분실하기 쉽습니다. 야간 촬영이 있는 경우 물품 관리를 더 꼼꼼히 해야 합니다. 사용하지 않을 장비들은 빼놓고, 촬영이 끝난 뒤에는 장비 확인을 두 번씩은 해야 합니다. 프로덕션 규모에 따라 다르겠지만 촬영 장비를 잘 챙기지 않아 변상해야 하는 상황이 생기거나 자기 물건을 분실하게 되면 물적, 심적 타격이 생깁니다. 팀워크에도 좋지 않은 영향을 미치니 장비 관리를 철저히 하는 게 좋습니다.

물품은 꼭 케이스별로 보관합니다. 렌즈를 보관할 때는 제습제를 넣어두어서 습기에 노출되지 않도록 주의합니다. 촬영용품과 미술 관련 소품 등 다양한 물건을 분류하지 않고 한 박스에 담아놓으면 나중에 찾기가 매우 어려워집니다. 칸이 분리된 투명 물품박스를 활용하면 좋습니다. 박스를 이동할 때 편리한 접이식 카트도 유용합니다. 케이블들은 한 군데 모아두면 꼬이기 마련이므로 고무줄을 활용해 단정하게 묶어두어야 합니다.

접이식 카트   투명 물품박스   고무줄

포스트 프로덕션
Post-Production

한숨 돌리고 차분하게

포스트 프로덕션이란?

촬영을 마친 뒤의 후반 작업을 말한다.
촬영된 수많은 영상을
실제 영화로 만들 시간이다.

주의: 혼자서는 못해요!

촬영을 무사히 마친 것을 진심으로 축하드립니다. 단편영화의 후반 편집 작업은 짧게는 몇 주, 길게는 수개월이 걸립니다. 이 단계에서는 촬영된 소스를 활용해서 조립을 합니다. 원하는 장면이 나오지 않았다고 너무 낙담하지 않도록 합니다. 장면과 장면을 연결하고 사운드를 넣고 색을 입히는 과정을 통해 멋진 영화로 탈바꿈할 수 있으니까요. 편집은 팀을 이루어 일정표를 짜서 진행하면 좋습니다. 경험이 없는 개인이 혼자 도맡게 되면 특정 편집 단계에서 지나치게

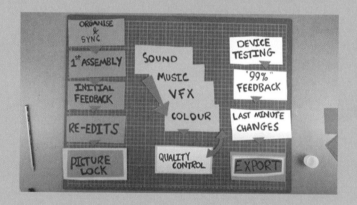

많은 시간과 노력을 소모할 수 있으니 주의해야 할 것입니다. 편집 단계는 제작 규모나 예산과 시간 등 여건에 따라 좀더 세분화할 수도 있고, 간단히 할 수도 있습니다. 편집에서 가장 중요한 건 촬영된 영상들이겠죠. 이 영상들에 얼마나 많은 시간과 노력과 금전을 투입하느냐에 따라 영화의 질이 크게 달라질 것입니다. 전문 편집자, 영화음악, 사운드 믹싱, 색보정 등에 전문 인력과 비용을 충분히 쓸 수 있다면 좋겠지만 그러기 어려울 때는 제작진 내에서 서로 역할을 나눠 진행하는 것이 효율적입니다. 연출자 혼자 편집을 도맡는 건 좋지 않습니다.

편집의 과학에
기대보자

편집이란 무엇인가

/

　편집이란 촬영본을 가공하여 연출 의도대로 재창조하는 것을 말합니다. 촬영을 마치고 편집을 시작하려고 하면 막상 막막합니다. 뭘 어떻게 하지? 그 막막함을 하나씩 풀어보겠습니다. 우선 씬별로 클립을 배열하는 가편집을 합니다. 촬영한 영상을 시나리오에 따라 순서대로 배치합니다. 시퀀스(하나의 큰 이야기)나 씬(장소)별로 이어줍니다. 전체적인 흐름을 잡기 위해 빠르게 줄을 세운다는 느낌으로 하시면 좋습니다.

편집의 원칙

　편집을 시작하면 고민이 많아지고 판단이 어려워집니다. 이 숏을 넣을까 말까, 순서는 원래대로 둘까 바꿀까, 효과음을 넣을까 말까, 음악은 어떤 게 좋을까, 숏의 크기를 바꿀까 말까…. 숱한 번민 속에 갈등하게 될 텐데요. 그럴 때 판단과 결정에 도움을 주는 기준이 있습니다. 영화 편집자 월터 머치Walter Murch의 《In the blink of on eye(눈 깜박할 사이)》에 나오는 여섯 가지 원칙이 그것입니다.

1. 감정 51%
2. 이야기 23%
3. 리듬 10%
4. 눈의 궤적 7%
5. 화면의 2차원성 5%
6. 실제의 3차원성 4%

월터 머치는 편집에서 고려해야 할 요소의 중요도를 백분율로 나타내었습니다. 관객이 느끼는 감정, 영화의 이야기, 흘러가는 템포, 캐릭터의 시선에 따른 화면의 연결성 그리고 이미지너리 라인의 180도 법칙과 캐릭터들의 공간적 위치 순으로 중요도를 언급하고 있습니다. 즉, 편집자의 감정 흐름이 가장 중요하다는 것입니다.

또한 영화감독 에드워드 드미트릭Edward Dmytryx은 편집의 일곱 가지 원칙을 다음과 같이 제시했습니다.

1. 분명한 이유 없이 자르지 않는다.
2. 어느 프레임에서 자를지 결정하기 어려울 때는 숏을 짧게 하기보다는 길게 하는 편이 낫다.

3. 가능하면 동작 중에 커팅하는 것이 낫다. 관객은 새로운 정보
  를 선호한다.

4. 모든 장면의 시작과 끝에서 연기가 진행 중이어야 한다.

5. 정확한 연결보다는 적절한 의미의 전달을 위해 편집한다.

6. 형식보다 내용이 중요하다.

어느 정도 개념이 잡혔다면 이제 본격적으로 후반 편집 작업에 들어
갑니다.

기본 편집 익히기

컷을 선택하는 기준을 세웠으면 이제 본격적으로 편집에 들어갑니다.
작품의 스타일과 본인의 기호에 따라서 다양한 편집 기법을 활용하면
연출 의도를 한층 강조할 수 있습니다.

1. 시간 순서대로 편집하기: 클립을 시간 순서대로 배열하는 것을 말
합니다.

2. 점프 컷(jump cut): 캐릭터나 피사체의 움직이는 모습을 끊어서 보
여줌으로써 시간의 연속성을 파괴하는 편집기법을 말합니다. 툭툭 뛰는
느낌으로 지루하지 않게 시간의 흐름을 보여주거나 이야기의 긴장감을
유지하고자 할 때 사용됩니다. 이때 배경이 변하지 않는 것이 관객에게
더욱 안정감을 줍니다.

3. J컷: 다음 클립이 나오기 전에 사운드가 먼저 들리게 함으로써 컷

연결을 자연스럽게 하는 방식입니다. 타임라인에서 모양이 J 같다고 해서 J컷이라 불립니다. L컷과 더불어 영화를 포함한 다양한 영상에서 자연스러운 편집을 위해 많이 사용됩니다.

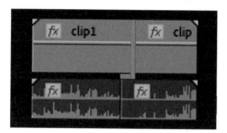

4. L컷: J컷과는 반대로, 이전 클립의 사운드가 다음 영상에까지 이어지는 것을 말합니다. 이때 모양이 L 같아서 L컷이라고 불립니다.

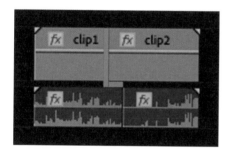

5. 매치 컷(match cut): 첫번째 클립에서 두 번째 클립으로 넘어갈 때 동작이 이어지도록 편집하는 것을 말합니다. 이때 첫 동작을 중간에 끊고 다음 장면에서 동작의 중간부터 시작하는 것이 자연스럽습니다. 동작과 동작을 연결할 수도 있고, 캐릭터에서 다른 피사체로의 변경(visual match cut)을 통해 연출 효과를 극대화할 수도 있습니다.

6. 교차편집(crosscutting): 서로 다른 장소에서 일어나는 것을 교차해서 편집하는 것을 말합니다. 같은 시간대에 일어나는 일을 보여줄 수도 있

고(평행편집) 서로 다른 시간대의 상황을 보여주는 방법도 있습니다.

7. 컷 어웨이(cutaway): 선행 장면과 직접적으로 연결되지 않는 후속 장면을 연결하는 편집 방법 또는 그렇게 연결된 화면을 말합니다. 시간의 흐름을 표현하거나 점프 컷을 방지할 때, 캐릭터 심리를 묘사할 때도 사용됩니다. 컷 어웨이와 인서트 컷이 혼용되어 사용되고 있습니다.

8. 몽타주(montage): 서로 다른 여러 장면을 한 화면에 모아놓은 것을 말합니다. 긴 기간 동안 서로 다른 장소에서 트레이닝하는 운동 선수들의 모습을 생각하면 쉽게 이해할 수 있을 것입니다.

편집 프로그램 선택

편집 프로그램은 정말 다양하죠. 스마트폰으로 촬영했다면 편집 애플리케이션인 키네마스터, 루마퓨전, 아이무비 등으로 편집할 수 있습니다. 처음 작업하는 분들은 아이무비나 키네마스터 무료 버전으로 시작해보길 추천합니다.

1) 스마트폰 영상 편집 애플리케이션

루마퓨전(유료)
아이폰, 아이패드용

아이무비(무료),
아이폰, 아이패드용

키네마스터(무료, 유료)
무료 버전은 워터마크,
안드로이드, iOS 모두 사용 가능

카메라가 DSLR 이상이라 고화질 영상으로 촬영되었다면 용량이 꽤 큽니다. 데스크탑 컴퓨터에서 편집해야 할 텐데 이때 무료로 사용할 수 있는 프로그램으로는 곰믹스, 파워디렉터가 있습니다. 유료 프로그램으로는 프리미어 프로, 파이널컷, 아비드 등이 있고요. 프리미어 프로와 파이널컷은 인터넷에서 강좌를 찾아 보며 쉽게 배울 수 있습니다. 파이널컷 구버전인 파이널컷7이 영화 현장에서 여전히 사용되고 있습니다. 영화 편집용 전문 프로그램인 아비드는 단축키 등 외울 게 많아서 적응에 시간이 좀 필요합니다. 미국과 캐나다 등지에서 업계 표준으로 사용되는 프로그램입니다. 프로그램별 특성을 살펴서 여건과 취향에 따라 선택하여 사용합니다.

2) 무료 및 유료 프로그램

파워디렉터

곰믹스

뱁믹스

3) 유료 프로그램

프리미어

파이널컷프로10

다빈치리졸브
(무료, 유료)

파이널컷프로7

미디어컴포저

프리미어와 파이널컷프로10은 각종 튜토리얼을 쉽게 구할 수 있어 많은 영상 제작자가 사용하고 있습니다. 다빈치리졸브는 무료 버전에서도 대부분의 편집 기능을 제공하지만 코덱 지원이 제한적입니다. 파이널컷프로7과 미디어컴포저는 영화 제작 현장에서 많이 사용되는 주류 프로그램입니다.

편집 진행하기

백업 파일 확인

촬영 영상 최종본이 두 군데 이상의 하드디스크에 저장돼 있어야 합니다. 특히 외장형 하드디스크를 사용하는 경우, 안정성이 떨어지므로 반드시 백업 파일을 확인하고 편집을 시작하는 것이 좋습니다.

파일 정리

영상 파일은 영화 제작에 관한 정보가 기록된 스크립트를 참고하여 슬레이트를 확인하며 씬-컷-테이크(예:#01_01_01)명으로 정렬해줍니다.

프록시 파일 생성

컴퓨터 성능이 그리 좋지 않아도 방법은 있습니다. 고화질 영상이 많은 경우 프록시 파일을 생성하면 좋습니다. 프록시 파일은 편집을 쉽게 하기 위해 만든 저화질 버전의 영상을 말합니다. 프록시 파일을 통해 편집하고, 다시 원본 영상을 이용해 최종본을 출력할 수 있습니다. 프록시 버전을 만드는 법은 소프트웨어마다 다른데, 자신이 사용하는 스프트웨어에서 지원하는 기능인지 확인한 후 인터넷 튜토리얼을 통해 배워서 진행하면 됩니다.

가편집(러프컷)

씬별로 촬영본을 조립하는 단계입니다. 씬을 모아 시퀀스별로 편집하는데, 이때 장면의 연결성을 위해 화면간의 개연성에 초점을 두고 편집합니다. 이 단계는 최대한 빠르게 진행하도록 합니다. 영화의 큰 덩어리를 만드는 단계이니까요.

피드백

최종 출력까지 끊임없이 계속되는 것이 피드백입니다. 최대한 완벽하게 편집될 때까지 제작자, 총감독, 편집감독, 음향감독, 음악감독 등이 함께 작업합니다. 작은 규모의 영화여서 감독이 혼자 편집하게 되었다 해도 편집 경험이 있는 제3자의 피드백을 받아가며 진행하는 것이 효과적입니다.

Picture Lock(총 영상 길이 고정)

영상 이미지의 순서와 길이를 최종 결정합니다. 이 단계 직전까지는 얼마든지 영화 총 길이의 변화와 상관없이 편집할 수 있습니다. 씬1을 더 늘리고, 씬3을 줄인다든지, 특정 씬을 아예 삭제할 수도 있습니다. 하지만 이 단계 이후로는 영화의 총 길이를 변경할 수 없습니다. 이 길이에 맞춰서 효과음과 영화음악, VFX 작업이 진행됩니다.

사운드 편집

점점 영화에 생기가 붙는 단계입니다. 가편집본이 개연성 있는 이미지의 총합이었다면 이제 그 이미지를 생생하게 만듭니다. 영화 사운드에는 현장음인 앰비언스, 배우의 대사, 효과음, 배경음악 등이 있습니다.

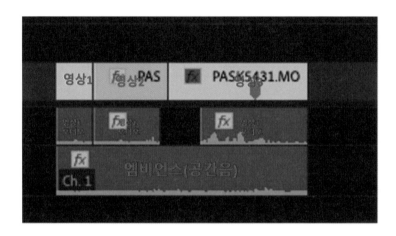

편집 프로그램 타임라인

위 이미지는 이해를 돕기 위해 간단히 표시한 것인데, 실제로는 효과음과 각 배우별 대사, 영화음악 등 여러 트랙이 덧씌워져 있습니다. 클립별로 대사가 선명하게 들려야 할 때, 음악을 고조시킬 때 등 의도에 따라 사운드 믹싱이라는 이름의 편집을 해나갑니다.

음향을 편집하는 방법은 다양합니다. 물 따르는 소리나 걸어가는 발걸음 등 영화를 더욱 실감나게 만들어주는 효과음들을 폴리 사운드 Foley Sound라고 합니다. 폴리 사운드를 얻는 가장 쉬운 방법은 실제 그 소리를 녹음하는 것입니다. 하지만 이러한 방법은 시간이 촉박한 촬영 현장에서는 이렇게 진행하기가 어렵습니다. 대신 촬영이 끝나고 필요한 소리만 따로 녹음한다거나, 인터넷에서 효과음을 내려받아 편집하는 데 사용해볼 수 있습니다. 예산이 충분하다면 폴리 아티스트에게 의뢰를 하는 것도 좋습니다.

후시 녹음(Post-sync automated dialog replacement)

촬영 소스를 보니 대화 도중 오토바이 소리가 끼어들어 목소리가 하나도 들리지 않는다고요? 여름 야외에서 찍었는데 매미 소리 때문에 두 배우가 이야기하는 내용이 하나도 들리지 않는다고요? 괜찮습니다. 심폐소생술을 할 수 있는 방법이 여전히 남아 있습니다. 후시 녹음을 하면 됩니다.

후시 녹음은 촬영이 끝난 후 배우들이 대사를 다시 녹음하는 것을 말합니다. 현장에서 녹음된 배우의 대사가 잘 들리지 않을 경우, 혹은 대사를 약간 변경해야 하는 경우, 내레이션을 추가해야 하는 경우 등 추가로 녹음할 일이 종종 있습니다. 이때 주변 소리와 어울리도록 사운드 믹싱을 꼭 거쳐야 합니다.

후시 녹음을 할 때는 소릿값을 -20에서 -12 범위에서 녹음하되, 일상적인 녹음 장소가 아닐 경우에는 꼭 테스트 녹음을 해본 뒤 진행합니다. 녹음 장소가 야외일 때는 특히 바람 소리에 유의합니다.

녹음 장비가 없다면 스마트폰으로 녹음해야죠. 특별한 의도가 있지 않는 한 조용하고 울림이 없는 곳에 가서 합니다.

영화음악

스토리의 흐름대로 가편집을 마치고 효과음 조절을 하고 나면 손을 댈수록 영화가 살아난다는 걸 실감하게 됐을 겁니다. 이제 음악을 넣고 싶어질 거예요. 촬영 전부터 마음속에 삽입곡을 정해놨을 수도 있고요. 우리는 왜 음악을 넣고 싶어할까요? 특정 씬에서 관객에게 감정의 결을 만들어주고 싶은 창작자의 마음이겠죠. 지나치게 사용하면 영화가 작위적이 되어 관객에게 피로감을 줄 수도 있지만 영상에서 음악의 중요성은 이 책의 독자라면 충분히 알고 있을 거라 생각합니다. 하지만 음악을 선택하기 전에 영화음악의 종류와 기능에 대해 좀더 고민해본다면, 내 영화에 어떤 음악이 필요한지 좀더 좋은 선택을 할 가능성이 높아지겠지요?

영화음악의 분류

작곡 목적에 따라		음악의 자리에 따라	
오리지널 스코어	삽입곡	Diegetic Music	Non Diegetic Music

오리지널 스코어는 영화를 위해 창작한 곡입니다. 삽입곡은 기존에 있던 음악을 사용한 것입니다. Diegetic Music은 영화 속 등장인물의 귀에 들리는 음악입니다. Non Diegetic Music은 영화 밖의 음악으로 관객에게만 들려지는 음악입니다.

영화음악의 역할

영화음악은 여러 가지 역할과 기능을 담당할 수 있습니다.

① 논평: 영화의 특정 씬에서 나오는 음악은 관객의 판단에 도움을 줍니다. 특정 씬에 등장하는 사람을 영웅적으로 느끼게 할 수도 있고, 어떤 대화에 슬픔을 강조할 수도 있습니다. 이러한 음악적 논평이 예전에는 일반적으로 사용되었지만 요즘은 관객이 불편해하는 경향이 있습니다. 하지만 적절히 사용된 음악은 관객이 영화의 흐름을 놓치지 않고 창작자의 의도를 바르게 이해하는 데 도움을 줍니다.

② 움직임 묘사: 디즈니 영화처럼 캐릭터의 동작 하나하나에 과장된 느낌을 소리로 더욱 강조해줍니다. 과장된 동작과 소리를 통해 웃음을 유발하는 슬랩스틱이나 극적인 상황에서 효과적입니다.

③ 플롯 관계 형성: 특정한 캐릭터와 상황, 장소에 유사한 주제의 음악이 나오면 관객이 플롯을 인식하는 데 도움을 줍니다. 예를 들어 어떤 인물이 등장할 때의 음악과 다른 사람들이 그 인물에 대해 이야기할 때 나오는 음악이 같다면 관객은 그 사람이 누군지 힌트를 얻게 되겠죠.

④ 분위기 형성: 영화음악의 주된 기능이 바로 분위기 형성 아닐까요? 영화의 시작에 나오는 음악으로도 관객은 이 작품의 영화적 장르와 드라마의 톤을 짐작할 수 있습니다.

⑤ 감정 묘사: 캐릭터의 감정 묘사를 도와줍니다. 영화 〈E.T〉의 엔딩 음악은 주인공의 감정이 관객의 감정으로 흘러들어 하나가 되는 공감적 카타르시스를 경험하게 해줍니다.

⑥ 사회·문화·지리적 언급: 캐릭터들의 사회적 계층이나 문화적 배

경, 지리적인 설정의 특이점을 분명하게 해줍니다.

⑦ 시간적 배경: 특정 시대나 시기를 드러내는 데 도움을 줍니다.

⑧ 장면 연결: 씬과 씬을 연결해줍니다.

⑨ 감정 고양: 정치선전영화에서 관객의 감정을 고조시키기 위해 음악을 사용한 예가 많이 있습니다. 인간의 기본적인 감정인 두려움을 불러일으키는 데도 음악이 사용됩니다. 호러나 스릴러 영화에서 이런 효과를 냅니다.

⑩ 시간 감각 조절: 음악의 템포가 바뀌면 씬의 시간 감각도 바뀝니다. 시간의 흐름을 빠르게 할 수도, 질질 끄는 듯한 느낌을 줄 수도 있습니다.

⑪ 공간감 조성: 특정 악기와 톤의 조합으로 장소의 크기를 느끼게 할 수 있습니다. 어떤 장소인지 알게 해주는 정보를 소리로 표현할 수 있습니다.

⑫ 비현실적인 상황 만들기: 악몽 또는 충격적인 상황을 소리로 표현합니다.

⑬ 모순 상황 표현: 특정 씬에서 어울리지 않은 음악이 나오면 관객은 뭔가 잘못됐다는 걸 느끼고 모순 상황의 긴장감을 느끼게 됩니다.

⑭ 패러디: 캐릭터의 행동이나 어떤 상황을 놀리는 데 사용할 수 있다.

⑮ 힘 관계 암시: 어린 소년이 혼자 큰 도시로 들어가는 것이 좋은 예가 될 수 있겠습니다. 소년이 등장할 때는 약한 플롯 소리를, 거대한 도시가 등장할 때는 장엄한 음악을 써서 앞으로 소년이 이 세상을 헤쳐가면서 어떤 모험이 있을지를 암시할 수 있습니다.

⑯ 관객 심리 단결: 특정 관객층에게 익숙한 음악을 통해 집단 감성으

로 단결시킬 수 있습니다.

⑰ 캐릭터 이해: 캐릭터에 대한 관객의 이해를 심화시킬 수 있습니다.

참조: Robin-hoffmann.com

음악 찾기

음악은 영화를 위해 만든 오리지널 스코어를 사용할 수도 있고 기존 곡을 삽입할 수도 있습니다. 단편영화에서는 오리지널 스코어를 쓰기 쉽지 않지요. 경험을 쌓으려는 뮤지션과 협업하여 좋은 성과를 낼 수도 있습니다. 창작곡을 쓰든 삽입곡을 쓰든 저작권 문제를 해결하는 건 기본입니다. 손쉽게 원하는 삽입곡을 찾아 쓰는 방법과 저작권 상식을 알아두면 큰 도움이 됩니다.

무료 공유 사이트

무료 음악이라고 해도 CC라이선스 표기가 되어 있는 경우가 많습니다. CC라이선스는 저작자가 일정한 조건하에 이용을 허락한다는 표시입니다. 무료 음원을 제공하는 사이트에서 찾은 음악일지라도 반드시 개별 음악의 라이센스 표기를 확인해야 합니다. 국내에서는 무료로 쓸 수 있지만 해외 상영 시 저작권 적용이 달라질 수 있고, 추후 저작권자가 음원에 관한 권리를 행사할 수도 있습니다. CC라이선스는 6단계로 세분화되어 있으니 꼼꼼히 파악하고 주의하여 사용해야 합니다. (무료 음원 사용 시 http://ccl.cckorea.org를 참조할 것.)

*유튜브 무료 라이브러리: 무료 음원 유튜브 채널에서 듣고 링크를 통해 다운로드합니다.

nocopyrightsound, Audio Library, Music for Creators, Freemusic Wave, Papone Music, Youtubers Music 등

① YouTube 스튜디오에 로그인하여 왼쪽 메뉴에서 오디오 라이브러리를 선택합니다.

② 페이지 상단에서 무료 음악 또는 음향 효과 탭을 선택합니다.

③ 마음에 드는 트랙을 발견하면 화살표를 클릭하여 오프라인 저장하고 CC라이센스를 확인합니다.

- 까칠한 클래식www.kkacl.com: 저작권과 저작인접권이 만료된 클래식 음원을 mp3파일로 다운로드 받을 수 있습니다.
- musopen.org: 악기, 작곡가, 시대별로 카테고리가 나눠진 음향 사이트입니다. 주로 음악과 관련된 효과음을 내려받을 때 즐겨 찾습니다. 저작권과 저작인접권이 유효한 음원들이 있으니 반드시 저작권 표시를 확인하고 사용해야 합니다.
- Jamendo(www.jamendo.com): 인디음악 라이브러리로 무료로 사용 가능한 음원을 제공합니다.
- Let'cCC(letscc.net): Jamendo와 CC micter 등 저작권 무료 음악을 찾을 수 있습니다.
- Fesliyanstudio(www.fesliyanstudios.com): 장르별 음악이 데이터베이스화되어 있습니다.
- 사운드클라우드(Soundcloud.com): 세계적인 음악 유통 플랫폼입니다.

음원을 구입할 수 있는 사이트

상업적 사용이 가능한 음원을 판매하는 대표적인 사이트로는 ① 오디오정글(audiojungle.net) ② 에피디믹사운드(www.epidemicsound.com) ③ 아트리스트(artlist.io) ④ 프리미엄비트(www.premiumbeat.com) ⑤ 고클래식(goclassic.co.kr 고음질 클래식 음원이 가득합니다) 등이 있습니다.

저작인접권이 만료된 음원은 10분당 120원, 그렇지 않은 음원은 10
분당 550원이 부과됩니다.

영화음악 사용 프로세스

이렇게 복잡한 내용을 다 알아야 하나, 싶을지도 모르지만 잘 이해하
면 그리 어렵지 않습니다. 개인적으로 사용할 때는 어떤 음악을 쓰든 문
제가 없지만 영화제에 출품하게 될 때는 확인 과정이 필요합니다. 실제
영화음악 사용 신청을 할 때는 국내음악인 경우 음악저작권협회(www.
komca.or.kr)로, 해외음악인 경우에는 국내 음악출판사에 문의합니다.

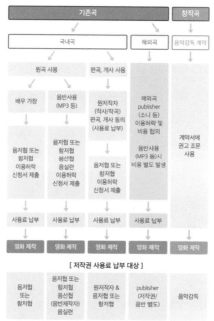

「영화 속 음악 활용을 위한 모든 것」, 영화진흥위원회, 2016, 12쪽

편집 과정 마무리하기

색 보정하기

　예산과 규모가 있으면 컬러리스트가 하겠지만, 단편영화의 경우 보통 촬영감독이나 편집감독이 색 보정을 합니다. 씬마다 연출자가 의도한 감정에 공감할 수 있는 색이 사용되면 관객이 몰입하기 좋겠죠. 색 보정을 하려면 먼저 노출과 색온도를 맞추는 작업이 필요합니다. 두 대 이상의 카메라로 촬영된 영상은 노출, 색상, 채도 등을 비슷하게 조절할 필요가 있습니다. 기술과 감각, 경험이 필요한 전문 영역이니 초보자라면 원래 색을 최대한 잘 표현하는 색 교정부터 시도해본 뒤 색 보정에 도전해보기 바랍니다.

	사랑, 열정, 폭력, 위험, 화, 힘
	순수, 달콤, 여성다움, 장난기 많은, 공감, 아름다움
	따뜻함, 친근함, 사교성, 행복, 이국적, 젊음
	미침, 질병, 불안정함, 집착, 목가적인, 순진한
	자연, 미성숙함, 불길한, 부패, 어둠, 위험
	차가움, 고립, 지적, 우울한, 소심함, 침착
	환상적인, 천상의, 성적표현,신비스러운, 불길한

특정 감정을 불러일으키는 색상들 (출처: Studiobinder.com)

최종 편집

이제 출력을 하고 영화관과 비슷한 환경에서 영화를 상영해봅니다. 특정 숏에서 화면 노이즈가 생기는 등의 기술적인 오류가 보이기도 하고, 사운드나 컬러가 튀는 부분을 발견할 수도 있습니다. 재생하려는 기기에서 확인해보는 것이 꼭 필요합니다. 이 단계에서는 길이를 늘이거나 줄이려 해서는 안 됩니다. 그렇게 되면 사운드, 음악 등의 후속 작업까지 모두 다시 이루어져야 합니다.

출력

최종 편집을 완료한 후에는 영상 출력을 합니다. 영화제에 출품하는 경우에는 해당 영화제에서 요구하는 영상포맷, 특정 비트레이트를 설정하여 출력합니다. 특별한 요구가 없는 경우에는 일반적으로 H.264 코덱에 1920*1080으로 출력합니다. 생각보다 저화질이라고요? 영화가 꼭 4K로 촬영되고 편집되어야 하는 것은 아니지요. 그렇지만 나중에 고화질 파일이 필요하게 될 수도 있으므로 최대한 고화질로 파일을 출력해 잘 보관해둡시다. 시간이 지나면 예전에 만들어둔 파일을 찾는 것이 생각보다 어려운 일이 되니 파일 보관에 각별히 유의하세요.

내부 시사회

함께 작업한 배우, 제작진과 함께하는 시사회입니다. 후반 작업에 한두 달 이상이 걸리니 그사이에 작은 선물도 함께 준비하면 좋습니다. 학교에서 학생들과 촬영했다면 학교 강당을 이용해도 좋고, 대학에서 친구들과 촬영했다면 스크린이 있는 강의실 등을 이용해 상영회를 엽니다. 커다란 스크린과 음향 시설이 좋은 곳에서 할 수 있다면 더할 나위 없겠죠. 제작진에게 공개하는 최종 편집본을 스마트폰으로 보게 하는 건 안 될 일입니다.

내부 시사회를 여는 목적은 여러 가지가 섞여 있습니다. 제작진의 노고를 칭찬하고 격려하는 가운데 다른 아이디어를 제안하고 발전시켜서 다음 영화를 만들 동력을 얻고 그 밑거름을 다지는 것이죠.

배급

네이버나 유튜브를 통해 작품을 공유할 수도 있고, 영화제에 출품해서 실제 관객을 만날 수도 있습니다. 우리나라에서는 매년 약 70여 개의 영화제가 열립니다. 각각의 컨셉에 맞는 다양한 영화를 지원하고 상영하고 있으니 참여해보면 좋겠습니다. 해외의 칸 영화제, 선댄스 영화제를 비롯해 단편영화를 상영하는 무수히 많은 영화제가 있습니다. 이러한 영화제에 일일이 응모하는 건 사실상 불가능한 일이므로 배급사를 이용하는 것이 여러모로 편리합니다. 시나리오, 영문자막, 스틸사진, 현장사진 등 배급사에서 요구하는 자료가 많을 겁니다. 하나하나 잘 만들어두면 이것이 영화제에 출품할 때 두루 쓰입니다.

*국내 주요 단편영화 배급사
1. 센트럴파크(http://centralparkfilms.co.kr)
2. 호의주의보(http://www.rainydayspictures.co.kr)
3. 필름다빈(https://www.filmdabin.com)
4. 인디스토리(http://www.indiestory.com)
5. 퍼니콘(http://www.funnycon.net)

맺으며

즐거움으로 시작한 저의 영상·영화 활동은 시간이 흐르면서 다른 의도들이 켜켜이 쌓여갔고, 그 안에 저 자신을 가둘 때도 많았습니다. 앞에서도 누누이 말씀드린 것처럼 영화 제작에는 늘 다양한 변수가 뒤따르고, 아무리 잘 준비한다고 해도 늘 예측 불가능한 상황이 펼쳐지기 마련입니다. 계획한 대로 진행되지 않는다고 힘들어하기보다는 새로운 상황에 적응하고 함께하는 사람들과 소통하면서 과정을 즐기길 바랍니다.

Thanks to...

글을 쓰고 다시 읽는 동안 많은 감정이 교차했습니다. 박장대소하기도 하고, 훌쩍이기도 하고, 갑자기 인터넷으로 누군가를 검색해 어떻게 사는지 탐색하고 실제로 안부를 묻기도 했습니다. 짧은 시간 동안 꽤 많은 변화가 내 삶을 통과했다는 게 이제야 실감이 납니다.

영화 제작이라는 미지의 세계를 탐험하고 경험하면서 제가 느낀 감정이 독자에게 고스란히 전해지길 바라는 마음으로 썼습니다. 영화 제작 교육자나 창작자 분들께 실제로 도움이 되었으면 하는 마음도 담았습니다. 매일매일 새로운 이미지와 정보가 넘쳐나는 세상에 이 책이 필요한 이유를 곱씹어 생각하면서 썼습니다. 이 책을 읽는 분이 자신이 하고 싶은 바를 마음에 그리고, 상상하고, 도전하고, 후에 그 과정과 결과를 되돌아보고 나누어주었으면 좋겠습니다. 그런 아름다운 여정이 끝없이 이어졌으면 좋겠습니다.

이 책의 탄생 과정을 돌아보면 고마운 분이 너무 많습니다. 우선 책 출간이라는 엄청난 경험의 씨앗을 만들어준 광주광역시 교육청 관계자분께 진심으로 감사드립니다. 저자가 될 영광을 준 민경민 장학사님과 에듀니티에 감사드립니다.

영화라는 세계에 나를 초대해주고 지금까지도 곁에서 항상 지원해준 임성열 선생님, 아무것도 따지지 않고 물적 인적자원을 해준 문화컨텐츠 기업 '잇다' 이정훈 전 대표님, 해외생활이 막막할 때마다 용기를 북돋아준 오랜 친구 준기와 정훈이, 내가 왜 영화를 제작한다고 이 고생을 해야 하나 싶을 때마다 힘이 되어준 데니스의 얼굴을 떠올려봅니다.

오랜 실무 경험에서 우러난 주옥 같은 조언으로 다음 길의 이정표를 만들어준 윤수안 광주독립영화관 관장님, 코로나 상황에서도 영화제작 워크숍을 함께 기획하고 진행했던 박정은 선생님, 그리고 물심양면으로 워크숍을 후원한 한국차문화디자인 연구소 오희자 대표님, 워크숍 진행을 함께해준 김석목, 허지은 감독님께 감사의 마음을 전합니다.

건망증 심하고 실수도 참 많은 제가 아이들과 꿈을 펼쳐나갈 수 있게 도와주는 매곡초등학교 교직원분들께도 감사드립니다. 지역에서 공동창작을 가능케 한 광주 교사영상모임 '참네모'와 전국 단위로 교사를 한데 모아 서로의 역량을 나눌 수 있는 '전국영화교육연구회', 더욱 괜찮은 교사가 되고 싶다는 열망을 갖게 해준 전국단위 교사모임 '몽당분필'과 출간의 기쁨을 함께하고 싶습니다. 에너지가 바닥났다고 느낄 때마다 나에게 생기를 불어넣어주는 가족들과 안드레아에게도 무한한 고마움을 전합니다.

2020년 12월

김아솔

아솔샘에 대한 기억 조각들

아솔샘을 보면 천재 도라에몽이 떠오른다. – 이승현(매곡초 4학년 3반)

〈뭉치〉를 찍을 때 현장에 선생님들이 많아서 부담스러웠는데 막상 하니까 재미있었다. 아솔샘은 착한 선생님이다. 재미로는 10점 만점에 10점이다. 또 영화 찍으면 꼭 참여하고 싶다. – 천제현(매곡초 5학년)

나는 혼자 글 쓰는 사람이었는데, 지금은 '함께' 만드는 일을 하고 있다. 아솔샘과 함께 촬영장에서 경험한 것들이 내가 이런 길을 선택한 계기가 된 것 같다. 영화 속 주인공처럼 우리는 문제를 직면하지 못할 때가 있다. 누구에게나 시간이 필요하다. 단편영화 〈더플라워〉와 함께한 경험이 내겐 그런 시간이었다. – 박정은(대학생)

영화 찍는 건 처음이라 카메라 앞에만 서면 괜히 어색해져서 심장이 쿵쾅거리고 말이 빨라졌다. 서툴고 실수도 많았지만 좋은 분들과 함께 촬영과 녹음, 편집까지 정말 많은 걸 배웠다. 무엇보다 도전 앞에서 망설이지 않는 법을 배울 수 있어 정말 값진 시간이었다. 한낱 초등학생에 불과했던 나에게는 큰 행운이었다. – 문서진(**중학교 2학년)

아솔샘과의 수업 후로 '나도 할 수 있구나'라는 생각을 가질 수 있었습니다. 덕분에 더 많은 분야에 도전할 용기가 생겼습니다. 영화 〈괄호〉

를 만들면서 친구를 많이 사귀고 행복해지는 법을 알게 되었습니다. 그때에 제가 그 학교를 다니지 않아서 그런 영화를 찍지 않았다면 지금의 저도 없을 거 같아요. 초등학교 4학년 때를 잊지 못할 거예요.

－ 김선우(2016년 4학년 2반)

학기 초 학교 생활 면담 장면이 지금도 생생합니다. 준수하신 선생님 모습에 한 번 놀라고, 아이를 바라보는 선생님의 시각에 한 번 더 놀라고, 그 짧은 시간에 아이 성향을 다 파악하시고 현안 제시에 문제점 해결 방안까지 말씀해주셔서 계속 놀랐지요. 아솔샘 뵙고 나서 펑펑 울었던 그 시간이 없었더라면 더 많은 시행착오와 힘든 시간을 겪어야만 했을 텐데 정말 감사했습니다. － 학부모 M(2016년 4학년 2반 최원석 어머니)

광주극장 영화의집에서 처음 만났을 때 캐나다에서 영화를 배우고 온 감독이라고 해서 재외동포인 줄 오해했다. 아이들이 느낀 만큼의 감정을 표현하도록 배려하는 아솔 감독의 섬세한 연기 지도를 보면서 창작 윤리에 대해 깊이 생각하게 되었다. －신현준(대학생)

아솔샘은 폼 잡는 걸 좋아하고 그 멋짐을 다른 사람도 구현하게 하는 능력을 가졌다. 하고 싶은 게 너무 많은 선생님이라서 스물네 시간이 부족하다. 생각에 그칠 수 있는 걸 실행하는 아솔샘을 보면, 저렇게 살면 인생이 참 피곤하겠구나 하는 생각이 들면서 마치 십대처럼 발전해나가는 걸 보면 그 끝이 어디까지일까 기대하게 된다.

－이정훈(문화컨텐츠 회사 '잇다' 전 대표)

아솔샘의 쏠쏠한 영화 수업

초판 1쇄 발행 2020년 12월 14일
2판 1쇄 발행 2021년 1월 29일

지은이 ㅣ 김아솔

발행인 김병주
COO 이기택
CMO 임종훈
뉴비즈팀 백헌탁, 이문주, 김태선, 백설
행복한연수원 이종균, 박세원, 이보름, 반성현, 남기연, 고요한
에듀니티교육연구소 조지연
경영지원 한종선, 박란희
편집부 이하영, 신은정, 최진영, 김준섭
디자인 디자인붐

펴낸곳 ㈜에듀니티(www.eduniety.net)
도서문의 070-4342-6114
일원화 구입처 031-407-6368 ㈜태양서적
등록 2009년 1월 6일 제300-2011-51호
주소 서울특별시 종로구 인사동 5길 29, 9층

이메일 book@eduniety.net
홈페이지 www.eduniety.net
네이버포스트 post.naver.com/eduniety

ⓒ 김아솔, 2020
ISBN 979-11-6425-079-0 (13370)